Der Geist des Christentums und sein Schicksal

기독교의 정신과 그 운명

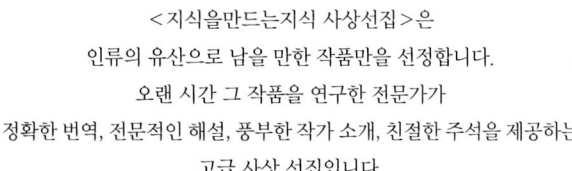

<지식을만드는지식 사상선집>은
인류의 유산으로 남을 만한 작품만을 선정합니다.
오랜 시간 그 작품을 연구한 전문가가
정확한 번역, 전문적인 해설, 풍부한 작가 소개, 친절한 주석을 제공하는
고급 사상 선집입니다.

지식을만드는지식 사상선집

Der Geist des Christentums und sein Schicksal
기독교의 정신과 그 운명

게오르크 헤겔(Georg W. F. Hegel) 지음

조홍길 옮김

대한민국, 서울, 지식을만드는지식, 2015

편집자 일러두기

• 이 책은 ≪Hegels theologische Jugendschriften≫(Herman Nohl, 1907)에 나오는 <Der Geist des Christentums und sein Schicksal>을 번역한 것입니다.
• 옮긴이가 작성한 주석은 '옮긴이 주'로 표시했습니다. 원고의 소제목들과 '헤겔이 삭제한 문장', '연속되는 초고' 등의 표시는 저본의 편찬자 헤르만 놀이 헤겔의 초고와 2차 원고를 편집하면서 설정한 사항입니다.
• 괄호가 중복될 때, 옮긴이가 첨가한 어구가 있을 때는 [ ]를 사용했습니다.
• 외래어 표기는 현행 한글어문규정의 외래어표기법에 따랐습니다.

차 례

1장 유태교의 정신

유태교의 정신, 노아와 니므롯 · · · · · · · · · · 3

유태교의 정신, 아브라함 · · · · · · · · · · · · · 8

유태교의 정신, 모세 · · · · · · · · · · · · · · · 16

입법에서 유태교의 정신 · · · · · · · · · · · · · 19

유태 민족의 국법 · · · · · · · · · · · · · · · · 30

유태 민족의 운명 · · · · · · · · · · · · · · · · 35

2장 기독교의 정신

유태의 율법에 대립하는 예수의 도덕 · · · · · · · 47

예수의 도덕과 칸트의 법칙 · · · · · · · · · · · 54

산상수훈 · 60

사랑과 생명의 도덕 · · · · · · · · · · · · · · · 64

산상수훈 · 70

순수성과 몰율법성의 도덕 · · · · · · · · · · · · 72

산상수훈의 끝맺음 · · · · · · · · · · · · · · · 80

율법과 형벌 · · · · · · · · · · · · · · · · · 82
운명으로서 형벌 · · · · · · · · · · · · · · · 90
사랑에 의한 운명의 화해 · · · · · · · · · · · 93
용기와 인내에서의 운명, 아름다운 혼 · · · · · · 100
예수와 운명 · · · · · · · · · · · · · · · · · 108
죄의 용서 · · · · · · · · · · · · · · · · · · 113
사랑에 의한 덕들의 화해 · · · · · · · · · · · 123
사랑 · 128
만찬 · 131
예수의 종교 · · · · · · · · · · · · · · · · · 141
신적인 것에 관해 말함 · · · · · · · · · · · · 147
로고스 · · · · · · · · · · · · · · · · · · · 149
신의 아들과 사람의 아들 · · · · · · · · · · · 154
신적인 것에 대한 믿음 · · · · · · · · · · · · 164
예수의 개체성 · · · · · · · · · · · · · · · · 168
정신의 발전과 그 통일 · · · · · · · · · · · · 175
세례 · 178
신의 왕국 · · · · · · · · · · · · · · · · · · 184
기독교적 사랑의 운명 · · · · · · · · · · · · 187
예수의 운명 · · · · · · · · · · · · · · · · · 191
기독교 교단의 운명 · · · · · · · · · · · · · 206

신인 예수 · · · · · · · · · · · · · · · · · · · 211
기적 · 217
불사 · 예언 · · · · · · · · · · · · · · · · · · 221
신적인 것에서의 대립 · · · · · · · · · · · · 226

해설 · 231
지은이에 대해 · · · · · · · · · · · · · · · · 239
옮긴이에 대해 · · · · · · · · · · · · · · · · 242

1장
유태교의 정신

유태교의 정신, 노아와 니므롯

유태인의 진정한 조상인 아브라함과 함께 이 민족의 역사는 시작한다. 다시 말해서 아브라함의 정신은 그 후손의 모든 운명을 지배했던 영혼이자 통일이다. 아브라함의 정신이 여러 가지 힘들과 싸웠던 사정에 따라서, 또는 권력이나 유혹에 굴복해서 이질적인 생활양식을 수용해 불순해졌을 때, 그것은 여러 형태로 나타난다. 그러므로 이 정신은 무장을 하고 투쟁하든 강자의 족쇄를 짊어지든 간에 다양한 모습으로 나타난다. 이러한 모습을 운명이라고 부른다.

아브라함 이전에 인류가 발전해 온 경로, 즉 자연 상태의 상실에 뒤이은 야만이 여러 갈래 길을 통해 파괴된 통합으로 되돌아가려고 노력했던 이 중요한 시기, 이 경로에 대해서는 우리에게 희미한 흔적밖에 남아 있지 않다. 노아의 홍수가 인간의 심정에 끼쳤던 인상은 깊은 분열이자 자연에 대한 가장 끔찍한 불신이었음이 틀림없다.[1] 예전에는 온화

---

1) (헤겔이 삭제한 문장) 심성이 순수한 사람에게는, 아무런 방어 몸짓도 하지 못하고 자연의 압도적 위력에 의해서 살해된 - 그것이 정당하든지 부당하든지 간에 - 인간의 모습을 바라보는 것보다 더 격분할 일은 없기 때문이다.

하고 다정했던 자연이, 지금은 자연 요소들의 평형을 깨뜨리고 나와서 인류가 그것에 대해서 지녔던 믿음을 더할 나위 없이 파괴적이며 제어할 수 없고 저항할 수 없는 증오로써 보답했다. 그리고 광란한 자연은 사랑에 차별을 두고 뭔가를 용서한 게 아니라 모든 것을 사납게 황폐화했다.

역사는 적대적인 요소들이 저지른 광범한 인간 살육의 몇몇 현상이나 이 인간 살육의 인상에 대한 몇몇 반작용을 우리에게 시사해 왔다. 따라서 인간이 이제 적대적인 자연의 폭발에 맞서 버틸 수 있기 위해서는 자연을 지배하지 않으면 안 되었다. 그런데 전체는 이제 이념과 현실로만 분열될 수 있으므로, 지배의 가장 높은 통일은 사유된 것 안에 또는 현실적인 것 안에 자리 잡는다. 노아는 사유된 것 안에서, 분열된 세계를 조립했다. 그는 스스로 생각해 낸 이상을 유일자2)로 삼아서 모든 것을 사유된 것, 다시 말하자면 지배된 것으로서 이 유일자에 대립시켰다. 유일자는 홍수가 더 이상 인간들을 파멸시키지 못하게끔, 자신에게 봉사하는 요소들을 그것들의 한계 안에 묶어 두겠다고 약속했다. 유일자는 그러한 지배를 받을 수 있는 생물 가운데서 인간에게 율법, 즉 "서로 죽이지 말도록 자제하라"는 명령을 내

---

2) (옮긴이 주) 신(神).

렸다. 이러한 한계를 넘어서는 자는 유일자가 휘두르는 위력 아래에 떨어져 생명을 잃게 될 것이다. 반면에 유일자는 이런 식으로 인간이 지배당하는 것에 대해 그로 하여금 동물을 지배하도록 함으로써 보상했다. 그러나 유일자가 생명체의 이러한 유일한 파괴, 즉 동물과 식물의 죽임을 인가하고 궁핍 때문에 어쩔 수 없이 저지른 적대 행위를 율법에 합당한 지배로 삼았다고 하더라도,[3] 동물의 피 안에 그 혼과 생명이 들어 있으므로 그 피를 마시는 것이 금지되는 한 생명체는 여전히 존중되었다(창세기 9장 4절).[4]

니므롯은 (요세푸스[5]가 ≪유태인의 고기≫ 제1권 제4장에서 니므롯의 역사에 대해 개진하는 적절한 서술을 모세의 이야기와 결합하는 것이 허용된다면) 노아와는 반대되

---

[3] (헤겔이 삭제한 문장) 인간은 그것을 종교로써 화해시킬 필요는 없었을 것이다.

[4] (헤겔이 삭제한 문장) 그와 마찬가지로 인간의 생명, 즉 피의 반환을 요구할 것이다. 모세는 동일한 근거를 들어 신을 위해서 도살된 동물의 피를 반환하라고 요구했다. 레위기 17장.

[5] (옮긴이 주) 플라비우스 요세푸스(Flavius Josephus, 37~100)는 유태의 장군이고 역사가다. 그는 로마 지배에 대한 유태 반항 운동의 지도자이면서도 로마제국의 강대함을 잘 이해했다. 예루살렘 함락 이후에는 로마에 정착했다. ≪유태 전기(戰記)≫ 7권, ≪유태인의 고기(古記)≫ 20권을 썼다.

는 방식으로 인간 안에 통일을 두었다. 그리고 그는 그 나머지의 현실적인 것들을 사유된 것으로 삼는 유일자로, 즉 그것들을 죽이고 지배하는 유일자로 인간을 정했다. 그는 자연이 인간에게 더 이상 위험이 될 수 없을 정도까지 그것을 지배하려고 했다. 그는 그것에 맞서 스스로 방어했다.

"그는 대담하고, 자신의 강인한 팔을 자랑하는 사나이였다. 그는 신이 재차 홍수로 세계를 뒤엎으려고 작정한다면, 신에게 충분히 저항할 힘과 수단을 아끼지 않겠다고 으름장을 놓았다. 파도나 물결이 솟아오를 수 있을 정도보다 훨씬 더 높은 탑을 쌓아 이런 식으로 그의 조상의 멸망을 복수하려고 결심했기 때문이다(다른 이야기, 즉 에우세비우스의 저작[6]에 나오는 에우폴레모스[7]에 따르면 탑은 홍수에서 살아남은 사람들이 건립했다고 한다). 그는 사람들에게 그들이 선한 모든 것을 용기와 강인함으로 스스로 획득했다고 했다. 그리하여 그는 모든 것을 바꾸어 놓았고 짧은 기간 안

---

6) (옮긴이 주) 《복음의 준비》 9장 17절. 에우세비우스 팜필리 (Eoseobios Pamphili, 263~339)는 팔레스티나에서 태어나 카이사레아의 사교(司敎)가 된다. 호교적 저작인 《복음의 준비》 외에 《교회사》를 썼다.

7) (옮긴이 주) 에우폴레모스(Eupolemos)는 팔레스티나 출신이고 알렉산드리아에서 활동한 역사가다. 그러나 그의 저작은 남아 있지 않다.

에 전제적 지배를 확립했다"(≪유태인의 고기≫). 그는 서로 믿지 못해 사이가 틀어져서 뿔뿔이 흩어지려던 사람들을 통합했다. 그러나 그가 이룩한 통합은 자연을 신뢰하고 서로를 신뢰하는 즐거운 교제 모임이 아니었다. 그는 그들을 결합하긴 했지만 권력으로 결합했다. 그는 사냥꾼이자 왕이었다. 그리하여 자연의 요소들, 동물들 그리고 인간들은 궁핍에 맞서 싸울 때에는 강자의 법칙, 게다가 생명체의 법칙을 견뎌 내지 않으면 안 되었다.

노아는 자연의 적대적인 위력과 맞서 싸울 때 이 위력과 자신을 한층 더 강력한 것에 복종시킴으로써 자신을 지켰다. 그러나 니므롯은 스스로 그 위력을 제어함으로써 자신을 지켰다. 양자는 불가피하게 적과 평화를 맺었지만 그렇게 적개심을 영구화했다. 더욱 아름다운 한 쌍인 데우칼리온과 피라[8]가 홍수 뒤에 그랬던 것과는 달리, 노아와 니므롯은 아무도 적과 화해하지 않았다. 데우칼리온과 피라는 인간들을 다시 세계와 화목하게 하고 그들을 자연으로 초대해서 기쁨과 즐거움으로 궁핍과 적대감을 잊도록 했으며 사

---

[8] (옮긴이 주) 데우칼리온은 프로메테우스의 아들이고 피라는 에피메테우스의 딸이다. 그들은 사촌 간으로 부부가 되었다. 이 부부는 의롭고 경건하게 살았으므로 홍수 뒤에 제우스가 구제했다.

랑의 평화를 맺어 아름다운 민족의 조상이 되었다. 그리고 그들은 새롭게 태어나서 그 시대의 청춘을 유지하는 자연의 어머니로 자신들의 시대를 만들었다.

유태교의 정신, 아브라함

갈대아에서 태어난 아브라함은 청년 시절에 아버지와 함께 조국을 떠났다. 그리고 철저하게 자주적이고 독립적인 사나이가 되어 스스로 우두머리가 되기 위해서 메소포타미아 평원에서 가족과 완전히 헤어졌다. 가족과 헤어질 때 그는 모욕당하거나 버림받지도 않았고 나쁜 짓이나 잔혹한 행위 뒤에 사랑의 욕구가 남아 있음을 일깨우는 마음의 고뇌를 느끼지도 않았다. 그런데 훼손되긴 했지만 상실되지는 않은 이 사랑은 새로운 조국을 찾아내어 거기에서 꽃을 피우고 스스로 즐거움을 누리게 된다. 아브라함을 한 민족의 조상이 되게 한 최초의 행위는 공동생활과 사랑의 유대, 즉 그가 여태까지 인간들과 자연과 더불어 살아왔던 관계들 전체를 갈기갈기 찢는 분리다. 그는 청년 시절의 이러한 아름다운 관계들을(여호수아 24장 24절) 거부했다.

카드모스[9]와 다나우스[10]도 조국을 떠났지만 그들은 싸우면서 떠났다. 그들은 사랑할 수 있기 위해서 자유로운 땅을 찾아 나섰다. 아브라함은 사랑하려고 하지 **않았고** 그 때문에 자유로워지려고 하지 **않았다**. 카드모스와 다나우스는 조국에서 자신들에게 더 이상 허락되지 않았던 것, 즉 순수하고 아름다운 합일 안에서 살 수 있기 위해서 이러한 신들을 계속해서 동반해 나갔다. 아브라함은 이러한 관계들 자체로부터 자유롭기를 원했다. 카드모스와 다나우스는 온화한 예술과 풍습으로 조야한 원주민들을 유인해 그들과 섞여서 명랑하고 사교적인 민족을 형성했다.

아브라함을 친척으로부터 떼어 놓고 데려갔던 정신이야말로 일생 동안 그와 충돌했던 이민족을 뚫고 지나가서 그를 인도했다. 이 정신이 모든 것에 대한 엄격한 대립 안에서 자기를 확고하게 유지하는 정신이며 무한하고 적대적인 자연을 지배하는 통일로 고양된 사유의 산물이다. 적대적인 것은 지배의 관계에만 들어올 수 있기 때문이다. 아브라함은 광활

---

9) (옮긴이 주) 카드모스는 바다의 신 포세이돈의 자손이고 테베를 건설한 자다. 페니키아인들이 발명한 알파벳 문자를 처음으로 그리스에 전해 주었다.

10) (옮긴이 주) 다나우스는 카드모스의 사촌이다. 처녀 50인과 함께 아르고스로 가서 그 나라를 통치했다.

한 대지 위를 가축들을 몰고 이리저리 떠돌아 다녔다. 그는 그 대지의 일부분이라도 경작이나 개간을 통해서 더 가까이 하지 않았다. 만약 그렇게 했다면 그는 그 대지에 애착을 가지고 그것을 **그의** 세계의 부분으로 수용했을 것이다. 그의 가축들이 풀을 뜯어 먹도록 대지는 그에게 단지 맡겨졌을 뿐이다. 물은 깊은 샘 속에서 생동하는 움직임도 없이 고여 있었다. 그는 샘물을 힘들게 파거나 비싸게 사들이거나 값비싼 희생을 치르며 싸워 획득했다. 물은 강탈한 재산이자 그와 그의 가축[11]에게는 필요 불가결한 요구였다. 그에게 자주 서늘한 그늘을 제공해 준 숲을 그는 곧장 다시 떠났다. 숲에서 그는 신의 현현(顯現), 즉 그의 온전하고 숭고한 객체의 현상과 자주 마주치긴 했다. 하지만 그는 숲에서조차도 사랑을 품고 머무르지 않았다. 이 사랑은 숲을 신성한 가치가 있게 만들고 신성에 관여하게 만들었을 텐데 말이다.

그는 지상의 이방인이었고 대지에 대해서도 그랬다. 인간들 사이에서 그는 항상 이방인으로 머물렀다. 그렇지만

---

11) (헤겔이 삭제한 문장) 그는 가축을 지배할 수만 있었지 희롱할 수는 없었다.
(옮긴이 주) 인간은 가축에 대한 지배를 신으로부터 허락받았지만 어디까지나 신의 시중꾼으로서 그럴 뿐이다.

그는 그들에 관해 전혀 알 필요도 없고 그들과 아무런 관계도 맺을 필요가 없을 정도로 그들로부터 멀리 떨어져 있거나 독립적이지는 않았다. 대지는 이미 사람들로 가득 차 있었기 때문에 여행 도중에 그는 벌써 작은 종족으로 통합된 사람들과 끊임없이 마주쳤다. 그러나 그는 그러한 관계[12]에 들어서지 않았다. 그는 그들의 곡물도 역시 필요로 했다. 그러면서도 그는 타인과의 안정된 공동생활을 제공할 수 있었을 운명에 저항했다.

그는 고립을 고집했다. 그 고립을 자기와 자기 후손에게 부과된 육체적 특성[13]으로도 명백히 했다. 이집트와 그랄에서 더 강한 민족에 둘러싸였을 때 그는 아무런 악의도 품지 않은 왕들조차 의심하고 믿지 않았으며 잔꾀와 이중인격으로 그들을 대했다. 그는 자신이 더 강하다고 믿을 때는 5인의 왕들에게 대항했던 것처럼 칼로 마구 내리쳤다. 그를 궁지로 몰아넣지 않은 타인들과는 합법적인 관계를 조심스럽게 이어 나갔다. 그는 필요한 것이 있으면 샀다. 선량한 에브론으로부터 자신의 처 사라를 위한 묘지를 선사받는 것을 그는 단연코 용납하지 않았다. 그리고 자신과 동등한 남자에 대해

---

[12] (옮긴이 주) 작은 부족을 이루어 정착하는 일.
[13] (옮긴이 주) 할례.

감사하는 감정을 갖는 관계를 거부했다. 그는 아들조차도 가나안의 여자와 혼인시키지 않고, 아들에게 그와 아주 멀리 떨어져 사는 친척들한테서 신부를 데려오도록 했다.

아브라함은 온 세계를 그에게 대립될 뿐인 것으로 간주했다. 그는 온 세계를 무가치한 것으로 받아들이지 않았고, 그것을 낯선 신에 의해 지탱되는 것으로 여겼다. 자연에 있는 어떠한 것도 신성에 관여해서는 안 되었고 오히려 삼라만상이 신에게 지배되었다. 온 세계에 대립된 타자는 온 세계와 마찬가지로 그 자체로 존재할 수 없었기에 이 타자, 즉 아브라함도 역시 신이 지탱했다. 더군다나 그는 신을 통해서만 세계와 간접적인 관계, 즉 그가 세계와 맺을 수 있는 유일한 종류의 결합을 맺기에 이르렀다. 그의 이상이 그를 대신해서 세계를 굴복시켜 그가 필요로 했던 것을 선사했다. 그리고 그 나머지 것에 대해 그의 이상이 그의 안전을 확보해 주었다. 그는 아무것도 사랑할 수 없었을 뿐이었다. 그가 가졌던 유일한[14] 사랑, 즉 자기 자식에 대한 사랑, 그리고 그의 존재를 확대하는 유일한 방식이자 그가 알았고 바랐던 불사의 유일한 방식인 후손에 대한 희망은 그를 억

---

14) (헤겔이 삭제한 문장) 아들인 이스마엘과 그 어머니가 가정 관리상의 통일을 해쳤다고 해서 그는 그들을 사라의 곁에서 쫓아냈다.

누를 수 있었고, 모든 것으로부터 고립된 그의 심정을 혼란시킬 수 있었으며, 불안에 빠뜨릴 수 있었다. 그렇기 때문에 언젠가 이런 불안이 극도로 지나쳐서 그는 이 사랑마저도 파괴하려고 했다. 그리고 이러한 사랑은 사랑하는 자식을 제 손으로 죽일 수 있을 정도로 강하지는 않다는 감정을 확신함에 따라 그는 겨우 안심했다.

아브라함 자신은 대립된 무한의 세계에서 유일하게 가능했던 관계, 즉 지배를 실현할 수 없었으므로, 그 관계는 그의 이상에 내맡겨진 채 머물렀다. 그 자신도 그 이상의 지배를 받기는 했다. 하지만 그의 정신 속에 이념이 현존했고 그는 이념에 헌신했다. 그리하여 그는 그의 이상이 베푸는 은혜를 누렸다. 그리고 그의 신성의 뿌리는 온 세계에 대한 경멸이었으므로 그만이 완전히 신의 총아였다. 그렇기 때문에 그의 신은 라레스[15]나 민족의 신들과는 근본적으로 달랐다. 라레스를 숭배하는 가족이니 민족의 신을 숭배하는 민족은 자신을 고립시키기도 했고 단일한 것을 분할해서 자기 신의 부분으로부터 배제하기도 했다. 하지만 그 민족이나 가족은 그럴 경우에 다른 부분들을 동시에 용인한다. 그리고 그 가족이나 민족은 측량할 수 없는 것을 자기 손 안

---

15) (옮긴이 주) 고대 로마 신화에 나오는 집의 수호신.

에 남겨 놓고 모든 것을 그것으로부터 쫓아내었던 게 아니라, 다른 가족이나 민족에 대해서도 자신과 동등한 권리를 인정하고 다른 가족의 라레스와 다른 민족의 신을 라레스와 신으로 인정했다. 이와는 반대로 아브라함과 그 후손들의 질투가 많은 신에서는 이 신만이 신이고 이 민족이 신을 가진 유일한 민족이라는 겁나는 요구가 놓여 있었다.

그러나 그 후손들의 이상으로부터 덜 분리된 그들의 현실이 그들에게 허락되었을 경우, 즉 그들 스스로 그들의 통일 이념을 실현할 만큼 강력했을 경우에, 무자비하게도 그들은 가장 괘씸하고 엄격하며 모든 생명을 가혹하게 말살하는 포학한 행위로써 지배력을 행사했다. 통일은 죽음 위에서만 떠 있었기 때문이다. 그래서 세겜인들이 자신들의 누이들이 받았던 모욕을 유례없이 선량한 마음으로 보답하려고 했는데도, 야곱의 아들들은 이 모욕을 악마처럼 흉악하게 앙갚음했다. 이질적인 것이 그들의 가족 안으로 섞여 들어와서 그들과 결합해 고립을 방해하려고 했다. 신의 총아인 그들 말고는 아무것도 관여할 수 없는 무한한 통일 밖에는 모든 것이 물질이고 – 고르곤[16]의 머리는 모든 것을 돌

---

16) (옮긴이 주) 그리스 신화에 등장하는 세 자매 괴물. 스텐노, 에우리알레, 메두사다.

로 변화시켰다ㅡ사랑도 권리도 없는 소재이며 저주받은 것이다. 그래서 그들에게 자신들의 통일 이념을 실현할 만한 힘이 현존하자마자 저주받은 것은 역시 물질로 취급된다. 그것이 꿈틀거리려고 한다면 그것에게는 적당한 자리[17]가 할당된다.

요셉이 이집트에서 권력을 장악했을 때 그는 정치적 위계 제도를 도입했다. 요셉의 이념 속에서 모든 것이 신과 맺고 있는 관계를, 모든 이집트인이 그 정치적 위계 제도 안에서 왕과 맺었다ㅡ그는 자신의 신성을 실현했다. 이집트인들이 그에게 바쳤던 곡물과, 기근 동안에 그가 이집트인들에게 급식했던 곡물을 이용해서 이제 그는 그들의 모든 돈, 그러고 나서 그들의 모든 가축, 즉 말, 양, 염소, 소, 낙타 등, 그러고 나서 모든 땅과 그들의 신체를 거두어들였다. 그들이 생활 자료를 소유했던 한, 그는 그것을 왕의 소유로 만들었다.

아브라함 그리고 야곱도 역시 맞서 싸웠던 운명, 즉 영속적인 거주지를 마련해서 한 민족으로 뭉치는 일에 마침내 야곱은 굴복했다. 그리고 그가 부득이하게 자기 정신에 반해서, 그리고 우연히 이러한 관계에 깊이 빠져들면 빠져들

---

[17] (옮긴이 주) 죽음.

수록 그와 그의 자손은 그 운명과 그만큼 더 혹독하게 맞닥 뜨리지 않으면 안 되었다. 그들을 이러한 노예 상태로부터 끌어내어 독립된 한 민족으로 조직했던 정신은, 그들이 더 단순한 가족을 이루고 있을 때 이 정신이 나타났던 것보다 더 복잡한 상황에서 차후 작용하고 발전한다. 그럼으로써 이 정신은 더욱 명확하게, 그리고 한층 다양한 결과에서 자신의 특징을 드러낸다.

유태교의 정신, 모세

이스라엘 민족 해방이라는 이 사건을 우리의 지성으로써 어떻게 파악할 수 있겠는가는 앞에서 서술한 것처럼 여기서 전혀 문제가 될 수 없다. 오히려 우리가 파악해야 하는 것은 이 사건이 유태인들의 살아 있는 기억과 환상 속에 현존했듯이 그들의 정신이 이 사건 안에 움직였다는 것이다. 모세가 고독 속에서 자기 민족의 해방을 위한 영감을 받고 이스라엘 장로들에게 찾아와서 자신의 계획을 말했을 때, 그의 신성한 소명은 억압에 대한 유태인들의 증오심이나 자유로운 공기를 향한 동경 때문에 정당화되었던 게 아니라, 그가 그들에게 보여 주었던 놀라운 몇 가지 마술 때문에 정당화되었다. 그 마술은 나중에 이집트의 마술사가 똑같은 기교로 공연했다. 모세와 아론의 소행은 이집트인들에게 위력으로 작용했듯이 그들의 동포에게 바로 그랬다. 그렇지만 이집트인들도 역시 이 위력의 억압에 맞서서 자신들을 방어했음을 우리는 알고 있다.

모세가 파라오에게 낸 청원이 낳은 한층 더 가혹한 고난에도 유태인들은 더 강렬하게 격분하지는 않았다. 그들은 더욱 심한 고통을 겪었을 뿐이다. 그들은 자신들이 저주했던 모세에 대해서 가장 분개했다(출애굽기 5장 21절, 6장 9절). 모세는 홀로 움직인다. 그는 왕을 공포로 몰아넣어 왕으로부터 강제로 출발 허가를 받아낸다. 유태인들의 신앙은 왕이 자발적으로 공포를 잊고 강요된 결정을 후회하는 것을 용인하지 않았다. 오히려 유태인들은 그들의 신에게 복종하기를 거부하는 왕의 태도 표명조차도 이 신의 작용이라고 여겼다. 그들은 위대한 일을 행하지만 영웅적 소행으로 시작한 건 아니다.

유태인들을 대신해서 이집트인들은 극도로 다양한 전염병과 재앙을 겪는다. 도처에서 곡소리가 나는 가운데 유태인들은 불행한 이집트인들에게 쫓겨나서 이주한다(출애굽기 12장 33~34절). 그러나 유태인들은, 자신이 아닌 누군가가 적을 땅바닥에 내동댕이칠 때 느끼는 겁쟁이의 사악한 기쁨을 느낄 뿐이며, 자신들을 대신해서 초래된 슬픔의 의식을 지닐 뿐이다. 그들은 신의 작용이 야기할 수밖에 없는 재앙에 대해 눈물 한 방울 흘릴 용기도 지니지 않았다. **그들의** 현실은 결백하다. 그러나 그들의 정신은 그들에게 그와 같이 도움이 된 모든 참상을 크게 기뻐했음에 틀림없다.

유태인들은 승리하지만 싸워서 승리한 건 아니다. 이집트인들은 패배하지만 적에게 패배한 건 아니다. 그들은 독살당하든지 자는 사이에 살해당하든지 눈에 보이지 않는 공격에 패배한다. 그리고 이스라엘인들이 집에 붙인 신호와 이 모든 재앙이 가져온 이익을 고려해 보면 그들은 마르세유에 흑사병이 유행했을 때 출몰한 악명 높은 도적처럼 보인다. 모세가 그들에게 유일하게 했던 것은, 그들이 이웃과 친구들과 대화를 나누는 마지막이 될 저녁이라고 그가 알고 있었던 그 저녁에 속임수를 써서 물건을 빌려 오고 도둑질로 신뢰에 보답한 것이다.

해방의 와중에 극도로 비겁하게 처신한 이 민족은 잇따라 곤란과 위험에 빠질 때마다 이집트를 떠난 것을 후회했고 되돌아가기를 희망했다. 이것이 이 민족의 해방에는 자유를 향한 고유한 욕구도 영혼도 없음을 보여 준다고 해서 놀랄 일은 아니다.

입법에서 유태교의 정신

자신의 민족을 해방시킨 자는 또한 그 민족의 입법자도 되었다 - 이것은 하나의 족쇄로부터 민족을 해방시킨 자가 그 민족에게 다른 족쇄를 씌웠다는 것 외에는 아무것도 의미할 수 없었다. 자기 자신에게 법률을 부여하는 수동적인 민족은 하나의 모순이다.

모든 입법의 원리는 선조로부터 상속받은 정신이었다. 그 원리는 무한한 객체, 모든 진리와 관계의 총체이며, 따라서 본래 이 총체는 유일의 무한한 주체다 - 생명을 부여받은 인간이 전제되고 살아 있는 주체, 절대적 주체라고 불리는 한에서, 비로소 이 무한한 주체는 객체라고 불릴 수 있을 뿐이기 때문이다. 그것은 말하자면 유일한 종합이다. 그런데 대립항들은 한편으로는 유태 민족이고, 다른 한편으로는 그 나머지 온 인류와 세계다. 이 대립항들은 진정한 순수 객체들, 즉 자신들 바깥에 있는 존재, 무한자에 맞서 있는 것이다. 그것들은 내용도 없고 공허하며 생명이 없어서 한 번도 죽지 않았고 무가치한 것이다. 그렇지만 무한한 객체가 그것들을 어떤 것(etwas)으로 만드는 한에서만, 그것들은 어떤 것일 뿐이다. 그것들은 존재하는 어떤 것이 아니라 자신을 위해서는 생명도 권리도 사랑도 갖지 못하는 만들어진 어떤 것이다.[18] 전반적인 적대감은 물질적 의존, 즉 어떤 동물적 생존만을 남겨 둔다. 그러므로 이 동물적 생존은 그 나머지 생존을 희생하고서만 확보될 수 있다. 이 예외, 즉 이 고대했던 고립된 안전은 무한한 분리로부터 필연적으로 결과한다. 그리고 이러한 선물, 즉 이집트의 노예 생활로부터의 이 해방, 젖과 꿀이 풍부한 땅의 점유, 음식과 생식 행위의 보증은 신적인 것을 숭배하기 위한 요구들이다. 숭배의 명목과 같이 숭배도 그렇다. 전자는 곤궁을 제거하는 것이고 후자는 예종(隸從)이다.

무한한 주체는 눈에 보이지 않아야 했다. 눈에 보이는 모든 것은 한정된 것이기 때문이다. 아직 천막을 치기 전에 모세는 이스라엘인들에게 불과 구름만을 보여 주었다. 불과 구름은 하나의 형태로 고정되지 않고, 끊임없이 새롭게 전개되고 일정하지 않은 유희로 사람의 눈을 사로잡는다. 신

---

[18] 현재에도 있고 과거에도 있었고 미래에도 있을 모든 것인 숭고한 신이라는 키벨레의 신관들, 그리고 죽음을 면치 못하는 인간은 그 장막을 열어젖히지 못했다. 그 신관들은 궁형을 받아서 심신이 거세되었다.
(옮긴이 주) 키벨레(Cybele)는 소아시아 지방의 최고 여신으로, 풍요를 다스리고 천사와 땅을 지배한다.

상은 그들에게는 돌 또는 목재에 불과했다 ― 그들은 '신상은 보지 않는다', '신상은 듣지 않는다' 같은 말을 장황하게 늘어놓으면서 자신들이 놀라울 만큼 현명하다고 여긴다. 신상이 그들을 부리지 않기 때문에 그들은 신상을 경멸한다. 그리고 그들이 사랑을 직관하고 아름다움을 향유할 때 그들은 신상의 신화(神化)를 전혀 예감하지 않는다.

비록 감각에 아무런 형태가 없다고 하더라도 아무래도 방향과 그 객체를 포함하는 한계가 눈에 보이지 않는 객체의 예배나 숭배에 주어지지 않으면 안 되었다 ― 모세는 천막의 지성소로, 그리고 나중에는 교회당의 지성소로 그 방향과 한계를 정했다. 폼페이우스가 교회당의 심장부, 예배의 중심에서 민족정신의 근원을 발견하고 이 탁월한 민족에게 생기를 주는 성령을 인식함은 물론 이 민족의 예배를 위한 실재, 즉 이 민족의 경외심을 일으키는 의미심장한 무언가를 엿보고 싶어서 성소에 들어섰으나, 그것이 예상을 뒤엎고 텅 빈 공간임을 알았을 때 그는 아마 아주 당혹했을지 모른다.

더군다나 인간이라는 존재의 하찮음과 은총에 의해 유지되는 생존의 미미함이 어떠한 향유에서나, 어떠한 인간적 활동에서나 상기되어야 했다. 대지의 어떠한 생산물이라도 그 10분의 1이 신의 소유권을 나타내는 징표로, 그리고 신의 몫으로 신에게 납부되어야 한다. 최초에 태어난 자식은 되돌려 받을 수 있었지만 모두 신에게 속했다. 하인은 주인이 하사한 제복을 청결하게 유지해야 하듯이, 빌렸을 뿐이며 본래 인간의 소유물이 아닌 인간의 육체는 깨끗하게 간수해야 한다. 따라서 어떠한 오염이라도 세척해야 했다. 다시 말해서, 타인 재산의 변경은 월권이고 불법적이라는 것과 이스라엘인에게는 아무런 재산도 귀속되지 않는다는 것을, 자기 것이라고 불렀던 여하한 물건을 헌납함으로써 그는 인정하지 않으면 안 되었다. 그러나 그들의 신에게 전적으로 속하고 그에게 전적으로 신성불가침이었던 것, 예를 들어 적들로부터 약탈한 많은 전리품은 파괴되어 그의 온전한 점유물이 되었다.

이스라엘 민족이 부분적으로만 나타났지만 이 민족이 자신을 일반적으로 드러냈던 모습, 그것은 철저하게 이 민족의 한 종족에 속했다. 이 종족은 곧 신에게 봉사하는, 신의 완전한 소유물이었다.[19] 이 하인들은 주인에 의해서만 전적으로 양육되었고 주인의 가계를 직접 돌보았으며 온 국

---

19) 봉사하기로 되어 있는 것을 완전히 점유하는 상태 - 파괴 - 에 주인은 도달할 수 없었다. 그렇지만 여전히 그것은 적어도 식물과 같이 성장하지 않을 수 없었다.

토의 세리(稅吏)였고 가노 조직을 구성했다. 그들은 주인의 권리를 주장하지 않으면 안 되었고, 가장 비천한 직무를 돌보는 자로부터 측근의 대신에 이르기까지 여러 위계를 이루었다. 측근의 대신조차도 – 신비스러운 일들의 수호자였을 뿐이지 – 신비의 수호자는 아니었다. 마찬가지로 그 밖의 사제들은 예배 외에 어떤 다른 일도 배우고 가르칠 수 없었다. 신비 자체는 철저하게 낯선 어떤 것이었다. 어떤 인간도 그것에 끼어들 수 없었고 그것에 의존할 수 있었을 뿐이다. 신을 지성소에 숨기는 것은 엘레우시스[20] 신들의 신비와는 전혀 다른 의미를 지닌다. 엘레우시스에 대한 감정, 영감과 예배, 신상으로부터는, 신의 이런 계시로부터는 아무도 배제되지 않았지만, 그것들이 이야기되어서는 안 되었다. 그것들에 관해 말하는 것은 그것들을 모독하는 것이기 때문이다. 그렇지만 이스라엘인들은 사물과 행위와 예식에 관해 수다를 떨 수 있었다(신명기 30장 11절). 싱스러운 것은 그것들에는 없기 때문이다. 그것은 영원히 그들의 외부에 있었으며 보이지도 않았고 느껴지지도 않았다.

---

20) (옮긴이 주) 엘레우시스는 아테네 북서쪽 22km에 있는 아티카 지방의 도시다. 고대 그리스의 엘레우시스 신전에서 데메테르와 페르세포네를 모시는 신비의 축제가 열렸다.

시나이 산에서 엄숙한 입법이 이루어졌을 때 나타났던 일들에 모든 유태인들이 매우 경악했다. 그래서 그들은 모세에게 자신들을 신에게 아주 가까이 데려가지 말아 달라고, 하지만 혼자서 신과 이야기를 나누고 나서 자신들에게 신의 명령을 전달해 달라고 간청했다.

해마다 세 번 지내는 대축제 때는 대부분 식사를 하고 춤을 추었는데, 모세의 헌법 안에서 이 축제는 가장 인간적인 것이다. 그러나 7일째마다 오는 안식일은 아주 특징적이다. 고된 6일 뒤에 공휴일이 있으므로, 노동으로부터의 이 휴식은 노예들에게 환영받을 일이 틀림없다. 그러나 보통 자유롭고 활동적인 사람들로 하여금 하루를 단순한 공허 속에서, 정신의 움직임 없는 통일 속에서 보내게 하고 그들이 신에게 봉헌한 시간을 공허한 시간으로 만들어서 이런 공허를 그렇게 자주 돌아오게끔 하는 발상은, 음울하고 무감각한 통일을 최고의 상태로 여기는 한 민족의 입법자에게만 퍼뜩 머리에 떠오를 수 있었다. 이 입법자는 신이 세계를 새롭게 탄생시킬 때 보낸 6일간을 신과 대립시키고 그 6일간의 생활을 신 자신으로부터 나온 낯선 일탈로 간주해 그 뒤에 신을 쉬도록 한다.

이러한 철저한 수동성의 경우에, 굴종의 입증을 제외하고는 물질적 궁핍에 맞서서 생존을 유지하고 확보하려는 단순하고 공허한 욕구밖에 그들에게는 남아 있지 않았다. 그래서 그들은 목숨을 걸고 물질적 생존을 유지했고 그 이상 원하지 않았다. 그들은 젖과 꿀이 흐르는 거주지를 얻었다. 정착 농경민으로서 그들은 선조들이 유목민으로서만 유랑하려 했던 땅을 이제는 재산으로 점유하려고 했다. 유목민의 생활양식을 취한 그 선조들은 지방에서 도시로 몰려와 발생하고 있던 민족들을 해코지하지 않을 수 있었다. 그 민족들도 그들이 미경작지에서 안심하고 가축에게 물을 먹이는 것을 허용했다. 그 선조들이 그 민족들 주위를 더 이상 배회하지 않을 때에도 그 민족들은 여전히 그 묘지를 존중했다. 그러나 그 후손들은 그러한 유목민으로서 돌아오지 않았다. 그들은 유목민이었던 조상들이 그토록 오랫동안 맞서 싸워 왔던 운명에 굴복했다. 그러한 저항으로 선조들은 그들의 수호령(守護靈, Dämon)과 그들 민족의 수호령을 점점 더 화나게 했을 뿐이다.

그들은 조상들의 생활양식을 버리긴 했다. 하지만 어떻게 그들의 수호신(Genius)이 그들을 떠날 수 있었겠는가? 욕구가 변화함에 따라 그들의 습속과 다른 민족의 습속 사이의 주요한 장벽이 없어졌으므로 그 수호신은 그들 속에서 그만큼 더 강력하고 겁나는 존재가 되었다. 그리고 그들의 심정 외에는 어떤 다른 위력도 그들과 다른 민족의 통합을 가로막지 못했다. 궁핍이 그들을 적으로 만들었지만 적개심은 궁핍이 요구하는 것 이상으로 확대될 필요가 없었다. 즉, 적개심은 가나안인들 사이에서 거주지를 강탈하는 것 이상으로 확대될 필요가 없었다. 유목민족과 농경민족의 생활양식 차이는 사라졌다. 인간을 통합하는 것은 인간의 순수한 정신이다. 그렇지만 유태인들을 가나안인들로부터 떼어 놓은 것은 오로지 유태인들의 정신이었다. 이 증오의 수호령이 그들로 하여금 선주민들을 말살하도록 명했다. 그러나 그들의 가장 깊은 정신이 증오로 전환됐다고 하더라도, 그들이 자신들의 근원적 본질을 완전히 부정하지도 않았고 그러한 전도는 충분히 철저하지 않았으며 완전히 수행되지도 않았다는 사실이 여기에서도 여전히 어느 정도 인간 본성의 명예를 구하고 있다. 이스라엘인들은 대다수 주민을 약탈하고 노예로 삼았지만 그들을 살려 주었다.

사막에서 죽었기 때문에 약속받은 땅에 도달하지 못한 사람들은 그들의 사명, 즉 생존이라는 이념을 실현하지 못했다. 그들의 삶은 하나의 목적에 종속되어 있었고 자립하고 자족하는 삶이 아니었기 때문이다. 그러므로 그들의 죽음은 악으로만 간주될 수 있었다. 게다가 모든 것이 한 주인 아래에 있기 때문에 그들의 죽음은 형벌로만 간주될 수 있었다.

새로 지어진 집에 아직 거주하지 않거나 새로 만들어진 포도 농장에서 아직 포도를 따 먹지 않거나 아직 신부와 결혼식을 올리지 않은 사람들 모두 병역을 면제받았다 — 새로운 삶을 목전에 두고 있는 자들이 현실을 위해서 삶의 온 가능성, 조건을 걸었다면 그들은 어리석게 행동했을 것이기 때문이다. 미래의 소유와 생존을 위해서 지금의 소유와 생존을 거는 것은 모순적이다. 이질적인 것만이 서로를 위해 희생될 수 있다. 이를테면 소유와 생존은 명예나 자유 또는 아름다움을 위해서만, 어떤 영원한 것을 위해서만 희생될 수 있다. 그러나 유태인들은 그 어떤 영원한 것에도 관여하지 않았다.[21]

모세는 모든 향락과 행복의 상실이라는 동양적으로 아름다운 협박으로써 자신의 입법을 봉인했다. 그는 노예적인 정신 앞에 자연의 위력에 대한 공포라는 그 자신의 표상을 가져왔다.

인간 정신에 대한 다른 반성들, 다른 종류의 의식은 이러한 종교의 율법 아래에서는 나타나지 않는다. 그리고 멘델스존[22]은 자신의 신앙 안에 영원한 진리가 제공되어 있지

---

21) (헤겔이 삭제한 문장) 그것은 그들로부터 멀리 떨어져 있었다.
22) (옮긴이 주) 모제스 멘델스존(Moses Mendelssohn, 1729~1786)

않다는 것을 자신의 신앙의 높은 영예로 평가한다. 하나의 신이 존재한다는 단언이 국법의 꼭대기에 서 있다. 그런데 만약에 이 형식에서 제공된 어떤 것을 진리라고 사람들이 부를 수 있다면, 노예가 주인을 갖고 있다는 진리보다도 더 심오한 진리가 노예에게 있는가라고 물론 사람들은 말할 수 있을 것이다.

그러나 멘델스존이 앞의 진리를 진리라고 부르지 않는 것은 옳다. 우리가 유태인들에 대해서 진리로 발견하는 것은 그들에게는 진리나 신앙 문제의 형식으로 나타나지 않기 때문이다. 진리란 우리가 지배하지도 않고 우리를 지배하지도 않는 자유로운 어떤 것이다. 그렇기 때문에 신의 현존은 하나의 진리로 나타나는 게 아니라 하나의 명령으로 나타난다.

유태인들은 철저하게 신에 의존한다. 그런데 사람이 의존하는 것은 진리의 형식을 지닐 수 없다. 진리는 지성으로 표상되면 아름다움이고 진리의 소극적 성격은 자유이기 때문이다. 그러나 모든 것에서 소재만을 보았던 자들이 어떻

은 독일 계몽사상의 흐름에 속하는 유태인 철학자이고 종교적 관용을 주장했다. 본문에 나오는 내용의 출처는 멘델스존의 ≪예루살렘 또는 종교적인 위력과 유태교에 대해≫다.

게 아름다움을 예감할 수 있었겠는가? 지배당하거나 또는 지배하기만 했을 뿐인 사람들이 어떻게 이성과 자유를 행사할 수 있었겠는가? 유태인들은 생활 속의 의지 능력이나 존재조차도 포기했고 자손들 중 한 명이 자신의 농경지를 영속적으로 점유하기만을, 자신이 낳은 자식들 중 한 명이 공적도 명예도 없는 이름을 영속하기만을 바랐다. 더군다나 그들은 음식을 초월한 생명과 의식을 전혀 즐기지도 않았다. 어떻게 이런 자들이 개인의 의식이 구제되는 저급한 영생이나마 바랄 수 있겠으며 이 영생조차도 자주적으로 고수할 수 있었겠는가? 따라서 현존하지 않는 것을 제한함으로써 그것을 더럽히지 않았고[23] 세상 사람들이 알지 못하는 것을 해방한 것이 어째서 공적일 리 있겠는가? 에스키모들이 자신들의 나라에서는 술에 소비세를 전혀 물지 않고 농경이 무거운 세금으로 더 힘들어지지도 않기 때문에 그 어떤 유럽인들보다 자신들이 우월하다고 자랑하는 편이 나았을 것이다.

---

[23] (옮긴이 주) 유태인의 신은 여기에 현존하지도 않고 눈에 보이지도 않는 신비하고 무한한 절대자다. 그런 점에서 이 신은 결코 제한되어서는 안 된다.

유태 민족의 국법

여기에서 진리들로부터의 해방이라는 하나의 결과가 반대되는 조건에서 나오는 것과 똑같이, 모세가 세운 국가 제도는 저명한 두 입법자가 자신들의 공화국에 정초했던 상황과 명백한 유사성이 있다. 그러나 시민법이 국법에 종속된다는 점을 고려할 때, 모세가 세운 국가 제도는 이 상황과는 아주 상이한 기원을 지닌다. 부의 불평등이 자유를 위협하는 위험을 제거하기 위해서 솔론과 리쿠르고스[24]는 소유권을 여러 방식으로 제한했고 불평등한 부를 초래했을지도 모르는 많은 개인의 욕망을 배제했다. 이와 마찬가지로 모세의 국가에서도 한 가족의 소유는 영구히 그 가족 안에 고정되었다. 어쩔 수 없이 재산과 자기 자신을 팔았던 자는 유태 50년절[25]에는 물권을 회복하고 그렇지 않으면 7년째 되는 해

---

24) (옮긴이 주) 솔론은 기원전 7세기 아테네의 정치가이고 여러 가지 개혁을 시행했다. 7현인 중 한 사람이다. 리쿠르고스는 기원전 9세기에 활약했던 정치가이고 역시 여러 가지 개혁을 단행했다.

25) (옮긴이 주) 유태 50년절이란 유태 민족이 가나안 지방에 들어온 해로부터 50년 후를 가리킨다.

에 인격권을 회복하기로 되어 있었다. 더 많은 경작지를 취득했던 자는 옛날에 소유했던 면적으로 되돌아가야 했다. 다른 종족이나 다른 민족으로부터 와서, 형제가 없기에 재산 점유자가 된 소녀와 결혼한 사람은 그럼으로써 이 재산이 소속한 종족과 가족의 일원이 되었다. 따라서 어떤 가족에 소속된다는 것은 그에게 귀속하는 가장 고유한 특성, 즉 일정한 양친으로부터의 출생이라는, 평상시에는 지워 버릴 수 없는 성격에 달려 있다기보다는 오히려 그가 수령한 어떤 것에 달려 있었다.

그리스의 공화국에서 이 법률의 원천은 그것이 없었다면 발생했을 불평등에 의해서 빈민의 자유가 위험에 처하고 빈민이 정치적 파멸에 빠져들 수 있었다는 사정에 기인했다. 그렇지만 유태인들에게 이 원천은, 그들이 모든 것을 재산으로 점유한 게 아니라 빌린 것으로만 점유했으므로[26] 아무런 자유와 권리도 갖지 않아서 국민으로서는 모두 아무 것도 아니었다는 사정에 기인했다. 그리스인들은 모두 자유롭고 자립적이었기 때문에 평등해야 했다. 유태인들은

---

[26] 레위기 25장 33절. 너희들은 아무것도 양도할 수 없다. 토지는 나의 것이고 너희들은 나에게는 이방인이며 타국으로부터 정착한 사람이기 때문이다.

모두 자립 능력이 없었기 때문에 평등해야 했다.

그리하여 어떠한 유태인이라도 한 가족에 소속되었다. 그는 가족의 토지에 대한 몫을 챙겼기 때문이다. 그런데 이 가족도 이 토지를 그들의 것이라고 부를 수 없었다. 이 토지는 신의 은총으로 가족에게 양도되었을 뿐이다. 모든 유태인이 부동산을 증식할 수 없다는 것은 물론 입법자의 한 목적에 불과했다. 그런데 유태인이 그것을 확고하게 준수했던 것처럼 보이지는 않는다. 만약 유태인이 부동산을 증식할 수 없는 원인이 부의 불평등을 저지하려는 입법자의 의도였다면, 전혀 다른 조치가 강구되고 불평등의 많은 원천들이 봉쇄되었을 것이다. 그리고 모세의 입법의 위대한 목적이 시민의 자유, 즉 모세와 그의 민족의 정신 안에 있는 어떠한 음색도 상응하지 않았던 헌법의 이상임에 틀림없었을 것이다.

부동산을 증식할 수 없다는 것은 토지에 대한 권리의 평등이 빚어내는 결과가 아니라 토지에 대해서 아무런 권리도 갖지 못하는 평등이 초래하는 결과였다. 이 평등의 감정이 다단과 고라의 모반을 유발했다. 그들은 모세가 부여한 특권, 즉 조금 중요한 특권이 앞뒤가 맞지 않는다고 여겼다(민수기 16장 3절). 앞에 말한 율법들이 나오는 원천으로서의 원리를 살펴볼 때 시민들 사이의 국내법적인 한 관계[27]의

저 가상은 사라졌다. 국민으로서 유태인들이 서로 맺는 관계는, 그들의 눈에 보이지 않는 지배자와 그의 눈에 보이는 신하와 관리들에게 만인이 의존한다는 평등 외에 다른 어떤 것도 아니다. 따라서 원래 아무런 공민권도 생기지 않았다. 그리고 앞의 의존 상태에서 모든 자유의 법률, 즉 정치적 법률의 조건이 제거되었다. 그리하여 국내법이나 국법을 규정하는 입법권과 비슷하게 보이는 어떤 것도 유태인에게서는 발견될 수 없었다. 마치 어느 전제정치에서도 국내법을 향한 질문이 모순적이듯이.

재판소와 관리(서기)나 일종의 항구적 지배자들(족장들)도, 또한 자의나 우연적 욕망에 따라서 또는 권력에 의해서 발생하고 소멸하는 지도자나 통치자도 있을 수 있고 있을 수밖에 없다. 또한 왕권이 도입될 것인지 아닌지는 사회적 결합의 그러한 형태에서는 아무래도 상관이 없었고 미결정인 채로 남아 있었을 뿐이다. 이스라엘인들이 다른 민족들처럼 왕의 통치를 받는다는 착상을 했을 때 모세는 몇 가지 명령을 내렸을 뿐이다. 이 명령들 중 일부는 왕이 임의로 그 명령에 따를 수도 있고 따르지 않을 수도 있었다. 또 일

---

27) (옮긴이 주) 토지를 소유할 수 없다는 점에서 만인이 평등하다는 관계.

부는 왕에 맞서는 민권이나 헌법의 창설과는 일반적으로도 전혀 관계하지 않았다. 아무런 권리도 갖지 않았고 억압받을 것이라고는 더 이상 아무것도 없었던 민족이 어떠한 권리에 대해 위험을 두려워해야 했겠는가?

모세는 생전에는 자신의 입법이 완전히 실현되는 것을 보지 못했다. 그의 입법은 이스라엘의 어느 시기에도 대체로 충분한 힘을 발휘하는 데 이르지 못했다. 그는 율법에서 금하는 매를 단 한 번 때렸을 때에 그가 보인 우발적 행위[28] 때문에 벌을 받고 죽었다.

스스로의 정치적 생애를 조망할 때[29] 그는 신이 그를 통해 유태인을 인도한 방식을 새끼들에게 나는 법을 가르치는 독수리의 행동에 비교한다 ─ 독수리는 몸 위에 새끼들을 올려놓고 끊임없이 날갯짓해 둥지 위로 올라 멀리 날아간다 ─ 다만 이스라엘인들은 이 아름다운 영상을 완성하지 못했다. 이 새끼들은 독수리가 되지 못했다. 오히려 그들은 신과의 관계에서 다음과 같은 영상을 준다.

독수리는 돌들을 새끼로 착각해서 따뜻하게 품어 주고

---

[28] (옮긴이 주) 율법을 솔선수범해야 할 사람이 율법을 스스로 위반한 죄.

[29] 신명기 32장 11절.

그것들 앞에서 나는 시범을 보였다. 그러고 나서 돌들을 몸 위로 올려놓고 날갯짓해 구름 속으로 비상하려 했다. 그러나 독수리는 돌들의 중량 때문에 결코 날지 못했고, 돌들의 온기도 결코 생명의 불꽃으로 타오르지 않았다.

유태 민족의 운명

오늘날에도 여전히 발견되는 초라하고 비천하며 인색한 상태에 이르기까지 잇따라 일어나는 유태 민족의 모든 상황은 단지 유태인들의 근원적인 운명의 전개와 결과일 뿐이다. 그들은 이 운명 - 그들이 자신들과 대립시켰지만 정복할 수 없었던 무한한 위력 - 에 의해 학대받았다. 그리고 그들은 이 운명을 아름다움의 정신으로 화해시켜서 지양할 때까지 오랫동안 학대받을 것이다.

나라의 독립 상태와 굴종 상태가 교차하는 오랜 기간이 모세의 죽음 뒤에 이어졌다. 행운으로 말미암아 독립을 상실하고 억압으로 말미암아 독립의 용기를 다시 획득하는 것은 모든 민족에 공통된 운명이다. 이 운명이 유태 민족의 운명이 되었을 때에 그것은 두 가지 특수한 양태를 띨 수밖에 없었다.

a) 행운의 상태가 초래하는 나약함으로의 이행이 다신교로의 이행으로 나타났고, 억압을 벗어나서 독립을 얻으려는 용기가 유태인들의 고유한 신으로의 복귀로 나타났다는 것.

궁핍이 완화되었을 때에 증오와 약탈의 정신, 즉 그들의 만능의 신(El Schaddai), 그들의 궁핍의 신이 유태인들로부터 물러났다. 더욱 인간적인 감정이 그들의 심정 속에서 솟아올랐고 이와 더불어 더욱 우호적인 분위기가 생겨났다. 그들은 한층 더 아름다운 영(靈)들을 예감했고 이교의 신들을 섬겼다. 그러나 이제는 이러한 예배 자체에서 그들의 운명이 그들을 움켜쥐었다. 그들은 이 신들의 신봉자가 될 수 없었고 단지 그것들의 노예만 될 수 있었다. 이전에는 그들 자신이나 그들의 이상에 굴종했던 세계에 이제는 그들이 의존하게 되었다. 그럼으로써 적개심에만 닻을 내리고 그들의 힘은 사라졌다. 그리고 그들의 국가의 유대는 완전히 해체되었다.

모든 시민이 하나의 의지처를 가진다고 해서 국가가 지탱될 수 있는 건 결코 아니다. 모두가 하나의 공동적 요소에 의존함으로써만 그들은 한 국가에 통합되어 존립할 수 있었다. 그러나 이 공동적 요소는 그들에게 있을 뿐이고 모든 인간에게 대립되어 있을 것이다.[30] 그들은 이교의 신들에게 예배함으로써 우리가 국법이라고 부르는 법률의 개별적인 어떤 것에도 여전히 충실하긴 했지만 이교의 국가와 그 입법의 원리에는 충실하지 않았다. 따라서 그들의 제일가는, 그리고 가장 엄격한 율법들 중 하나인 우상 숭배의 금지는 철저하게 일관적이었다.

그들 사이에 있는 공동적인 것은 다른 민족과의 뒤섞임에 의해, 혼인과 우정의 끈에 의해, 노예적이지 않고 우의가 두터운 공동생활의 모든 양식에 의해 전개되었다. 그들은 함께 태양을 향유했고 함께 달과 별을 우러러보았다. 또는 그들이 그들의 느낌 자체를 본다면 그들을 연결하고 있는 끈이나 느낌을 발견했다. 그러므로 그들이 그 끈과 느낌 속에서의 합일, 즉 그들을 하나로 묶는 느낌의 심상과 더불어 앞에 말한 달과 별을 살아 있는 것으로 표상함으로써 그들은 신들을 얻었다. 유태적인 민족성의 혼, 즉 인류에 대한 증오(odium generis humani)가 가장 경미하게 누그리지고 한층 더 우호적인 수호령이 이 혼을 이방인들과 통합해 앞

---

30) (헤겔이 삭제한 문장) 신명기 4장 19~20절. 너는 하늘을 향해 눈을 들어 해, 달, 별, 즉 온 천체를 보고 미혹해 그것들을 숭배하지 마라. 그것들은 주(主)이신 너의 신이 온 하늘 아래에 있는 모든 민족들에게 나누어 주신 것이다. 그렇지만 주는 너희들을 선택하셨도다.

의 증오가 정한 한계 너머로 데려가자마자, 그들은 배교자가 되었다. 그리고 그들은 종래의 영역과 동일한 예속 상태에 있지 않은 향락의 영역을 배회했다.

인간적 심정이 받아들일 수 있을 무언가를 위한 여지가 그들이 물려받은 유산 외에도 여전히 있을지 모른다는 경험, 이 경험이야말로 주인으로부터 건네받은 것 외에도 또 무언가를 알고 그것을 그들 자신의 것이라고 부르려고 하는 노예들의 불복종이었다. 그들이 인간성을 순수하게 느낄 수 있었고 근원적으로 자유로운 것의 노예가 다시 되지 않았다고 하더라도, 그들이 인간적으로 됨으로써 그들의 힘은 사라져 갔다. 근원적으로 자유로운 것은 이제는 그들 안에서는 하나의 모순이었다. 어떻게 그들이 자신들의 온 운명, 증오의 낡은 굴레를 뿌리치고 아름다운 합일을 이룰 수 있었겠는가? 그들은 곧장 그 운명으로 되쫓겨났다. 공동체와 국가가 이렇게 해체되는 와중에 그들은 강자의 먹이가 되었고 타민족과 뒤섞이면서 타민족에 의존하게 되었기 때문이다. 억압은 다시 증오를 불러일으켰고, 그럼으로써 그들의 신은 다시 깨어났다. 독립을 향한 그들의 충동은 본래 그들의 고유한 어떤 것에 대한 의존을 향한 충동이었다.

b) 다른 민족들은 종종 수천 년 걸리는 이 변화가 유태 민족에게는 아주 급속하게 진행되었다. 유태 민족이 처한

상태는 어느 상태라도 오랫동안 지속할 수 없을 정도로 폭력적이었다. 독립 상태도 전반적인 적대감과 연결되어 있어서 지속할 수 없었다. 독립 상태는 지나치게 자연과 대립되어 있었기 때문이다. 다른 민족들의 독립 상태는 행복의 상태, 한층 더 아름다운 인간성의 상태이지만, 유태인들의 독립 상태는 완전한 수동성의 상태, 철저한 증오의 상태일 수밖에 없었다. 그들의 독립은 그들에게 음식이라는 보잘것없는 생존만을 확보해 주었기 때문에 독립과 더불어, 즉 이 약소한 것과 더불어 모든 것이 상실되었거나 위험에 빠졌다. 그들이 유지할 수 있고 즐길 수 있을 만한 생동하는 것이라고는 아무것도 남아 있지 않았다. 그것을 향유하기 위해서는 많은 고난을 견뎌야 하고 많은 것을 희생해야 한다는 가르침을 그들은 받았다. 압제 속에서 그들의 비참한 생존은 즉시 위험에 빠졌다. 그리고 그들은 이 생존을 구하기 위해서 싸움을 시작했다.[31] 이러한 동물적 생존은 그들에게 사유를 주었을 법한 인간성의 한층 더 아름다운 형태

---

31) (헤겔이 삭제한 문장) 그들은 이념에 매달렸던 게 아니라 동물적인 생존에 매달렸기 때문에 뒷날의 몽상가와는 달리 손도끼로 살해되거나 굶어 죽지 않을 수 있었다. 그리고 그들은 자연과 철저히 분리되어 지배에 의한 자연의 합일을 신 안에서 발견했기 때문에, 자신들의 신을 믿었다.

와 조화를 이루지 못했다.

유태인들이 (모세가 신정정치와 양립하는 것으로 간주했지만 사무엘은 양립할 수 없는 것으로 간주했던) 왕권을 도입했을 때, 많은 개인들은 정치적 중요성을 획득했다. 그들은 실제로 이 정치적 중요성을 사제들과 공유하거나 이들에 맞서서 그것을 수호해야만 했다. 자유로운 국가에서는 군주정의 도입이 모든 시민을 사인(私人)으로 강등시킨다. 이와는 반대로 누구나 정치적 무(無)인 이 국가에서는 군주정의 도입이 적어도 개인을 다소 한정된 어떤 존재로 높인다.

솔로몬 통치의 일시적이고 억압적인 영화가 사라진 뒤에, 왕정 도입이 다시금 그들의 운명의 재앙 속으로 엮어 넣었던 새로운 힘 - 억제하기 어려운 지배욕과 무력한 지배 - 이 유태 민족을 철저하게 분열시켰다. 그리고 이 힘은 이전에는 다른 민족을 향했던 광포한 냉혹성과 독신(瀆神)을 유태 민족 내부로 돌렸다. 그 힘은 유태 민족의 운명을 이 민족 스스로 짊어지게 했다. 유태 민족은 적어도 낯선 민족들을 두려워하는 것을 배웠고 이념에서 지배하는 민족으로부터 현실에서 지배되는 민족이 되었다. 그래서 이 민족은 외적인 의존의 감정을 획득했다. 이 민족은 결국 - 간교한 나약의 정치에는 으레 불행한 나날이 따르듯이 - 철저하게 유린되어 재기할 힘을 지니지 못할 때까지 오랫동안 굴종하면서 일종의 비참한 국가를 유지했다.

 영감을 받은 사람들은 때때로 낡은 수호신을 꽉 붙들고 놓지 않으려고 애썼고 점점 사라져 가는 수호신을 되살리려고 했다. 그렇지만 영감이 한 민족의 도망친 수호신을 도로 불러낼 수 없고 한 민족의 운명을 마술로 묶어 둘 수도 없다. 하기야 영감이 순수하고 생동하다면 그것은 생명의 깊이로부터 새로운 정신을 불러일으킬 수 있을 것이다. 그러나 유태의 예언자들은 쇠약한 수호령의 햇불에 불을 지폈다. 그들은 그 수호령에게 낡은 힘을 복구해 주려고 애썼다. 그리고 그들은 시대의 다양한 관심을 파괴함으로써 그 옛날의 소름끼칠 정도로 숭고한 통일을 복구해 주려고 애썼다. 따라서 그들은 단지 냉혹한 광신자가 될 수 있었을 뿐이다. 그리고 정치나 정책에 개입했을 경우에도 그들은 편협하고 영향력 없는 광신자가 될 수 있었을 뿐이다. 그들은 지나간 시대의 기억만을 줄 수 있었고 그럼으로써 점점 더 지금의 시대를 혼란시킬 수 있었지만 다른 시대를 가져올 수 없었다. 열정의 혼합은 수동성으로 결코 다시 넘어갈 수 없었다. 그러나 그것들은 수동적 심정에서 나와서 그만큼 더 무섭게 날뛸 수밖에 없었다.

 이러한 소름끼치는 현실로부터 벗어나기 위해서 사람들

은 이념에서 위안을 찾았다. 자신을 포기하려고 했지만 자신의 객체(Objekt)32)는 포기하지 않으려 했던 보통 유태인은 장차 도래할 구세주에 대한 희망에서 위안을 찾았다. 종교적인 예식을 거행하고 현재의 객체적 존재 의지를 실행해 의식을 그것과 완전히 합일시키는 데서 바리새인들은 위안을 찾았다(그들은 자신들이 주재하고 있었던 자신들의 작용 범위 바깥에서, 그 범위의 불완전성으로 말미암아 여전히 낯선 위력을 느꼈기 때문에, 그들은 낯선 운명이 자신들의 의지와 활동의 위력과 섞인다고 믿었다).

사두개인들은 자신들의 생존의 전반적인 다양성과 변하기 쉬운 생활의 산만한 상태에서 위안을 찾았다. 그러나 그 생활은 한정된 것들로만 채워져 있고 그 생활에서 무규정성은 다른 한정된 것들로 이행할 가능성으로만 존재할 것이다. 에센인들은 영원한 것에서, 즉 사람들을 가르는 모든 소유와 이 소유와 관련된 것을 배제하고 그것들을 다양성 없는 생동하는 일자로 만들었을 우애에서 위안을 찾았다. 또한 그들은 현실의 모든 관계에 의존하지 않을 공동생활에서 위안을 찾았다. 그런데 구성원의 완전한 평등 때문에 어떠한 다양성에도 방해받지 않았을 공존, 즉 이 공존의 습관에

---

32) (옮긴이 주) 예배와 숭배의 대상.

이 공동생활의 향유가 근거할 것이다.

 율법에 대한 유태인들의 의존이 더욱 철저할수록, 그들이 여전히 뜻대로 행사할 수 있었던 유일한 분야, 즉 예배에서 그들이 반대에 봉착했을 때 그들의 고집은 그만큼 드세어지지 않을 수 없었다. 그들이 곤경에 처하지 않고 빈약한 향유를 충족했을 때 그들의 신앙에 낯선 것이 적대적인 것으로 다가서지 않았다면, 그들은 거리낌 없이 신앙을 배반하도록 유혹받을 수 있었다. 그러나 예배가 공격받았을 경우에는 그들은 자신들의 예배를 위해서 그만큼이나 완강하게 투쟁했다. 그들은 예배를 위해서 절망에 빠진 사람처럼 싸웠다. 어떠한 권력이라도 그들로 하여금 의식적으로 훼손하도록 할 수 없었던 예배의 계율, 예를 들면 안식일의 휴식을 그들은 예배를 위한 싸움에서는 어길 수 있었다. 그리하여 그들 안에서는 지배받지 않는 것이라고는 아무것도 남아 있지 않았을 정도로, 생명이 그들 안에서 학대받았으므로, 그들의 행동은 가장 불경스러운 광기, 가장 맹렬한 광신이 되었다.

 광신이 자신들의 온화한 지배를 받으면 누그러질 것이라는 로마인들의 희망은 깨졌다. 광신은 한 번 더 타올랐다가 그것이 초래한 파괴로 사라졌다.

 유태 민족의 위대한 비극은 그리스 비극이 아니다. 유태 민족의 비극은 공포도 동정도 불러일으킬 수 없다. 양자는 아름다운 기질의 불가피한 과실이 빚어내는 운명으로부터만 발생할 수 있지만, 유태 민족의 비극은 혐오만을 불러일으킬 수 있기 때문이다. 유태 민족의 운명은 맥베스의 운명이다. 맥베스는 자연 자체로부터 걸어 나와서 낯선 존재자들에 매달렸다. 그리하여 그는 그 낯선 존재자들을 섬기는 가운데 인간 본성의 모든 신성한 것을 유린하고 살해하지 않으면 안 되었다. 그리고 그는 자신의 신들에게 마침내 버림받았으며(이 신들은 객체[33]였고 그는 이 신들의 노예였기 때문이다) 자신의 신앙 자체를 분쇄해야 했다.

---

33) (옮긴이 주) 예배와 숭배의 대상.

2장
기독교의 정신

유태의 율법에 대립하는 예수의 도덕

유태의 운명을 구성하는 다양한 요소들의 발효가 끌어온 최후의 위기 직전에 예수가 등장했다. 이러한 상이한 요소가 전체로 응집되어 순전한 대립, 공개적인 전쟁이 발생하기까지 이 요소가 발전하고 내적인 발효가 이루어지는 이러한 시기에 더욱 많은 부분적 폭발이 최후의 서막에 앞서서 일어났다. 강렬한 정열을 지녔지만 평범한 영혼을 지녔던 사람들은 유태 민족의 운명을 불충분하게 파악했을 뿐이다. 그러므로 그들은 운명의 파도에 수동적으로 의식 없이 휩쓸려서 다만 시대의 조류를 타고 헤엄쳐 나가기에도, 더욱 강대한 세력과 어울리기 위해서 필요했을 여러 요소의 더욱 큰 발전을 기다리기에도 충분히 침착하지 않았다. 그리하여 그들은 전체의 발효에 앞서 달렸으며 명예도 효과도 없이 몰락했다.

예수는 유태적 운명의 어떤 다른 부분에도 사로잡혀 있지 않았기 때문에, 그는 그 운명의 어떤 부분과 싸웠을 뿐만 아니라 그 운명 전체와 대결했다. 따라서 그는 스스로 그 운명을 넘어서 있었고 유태 민족을 그 너머로 끌어올리려고 애썼다. 그러나 그가 초극하려고 애썼던 것과 같은 그러한 적개심은 사랑으로 해소할 수 없고 용기로만 극복할 수 있다. 그러므로 운명의 전체를 극복하려는 그의 숭고한 시도도 유태 민족에 의해 좌절될 수밖에 없었다. 그리고 그 스스로 그 운명의 제물이 되지 않을 수 없었다. 예수는 이 민족의 운명의 어느 측면에도 가담하지 않았기 때문에, 그의 종교는 이 민족 사이에서 큰 환영을 받지 못했다(이 민족은 여전히 그 운명에 너무 깊이 빠져 있었기 때문이다). 그러나 그 운명에 대한 몫을 더 이상 갖지 않았고 옹호할 것도, 주장할 것도 전혀 갖지 않았던 사람들에게 그의 종교는 그 밖의 세계에서 큰 환영을 받지 않을 수 없었다.

그리스도의 정신 이전에 유태교의 뿌리는 객체적인 것, 즉 낯선 신에 대한 봉사와 예속이다. 이것을 예수는 공격했다.[34]

인간 본성의 살아 있는 양태[35] 안에 근거하고 있다고 우리가 인정할 수 있는 것(인간이 자제력을 확립한다면 그가 스스로 포기하는 권리들)을 유태인들은 명령받았다. 그들

---

34) (옮긴이 주) '유태교의 뿌리는 … 공격했다'는 문장은 헤겔의 원고에는 생략되어 있다. 헤겔의 원고를 편찬한 놀의 견해에 바탕을 둔, 이 원고의 영어 번역자 녹스의 추정에 따라 생략된 문장을 복원했다. 그리고 다음 문단의 첫 문장도 불완전한 문장이지만 보완해서 번역했다.

35) (옮긴이 주) 개별적 인간.

에게는 그것이 철저히 실정적(實定的)이었다.36) 따라서 여기서 그들의 여러 종류의 입법37)이 준수되는 경우의 질서는 그들의 입법에서는 낯선 질서이며 만들어진 질서다. 그리고 그들이 이 여러 종류의 입법에 대해 반응하는 상이한 방식에 의해 그 차이는 그들 안에 비로소 나타난다.

예수는 주(主)에 대한 단순한 봉사, 직접적인 예종, 기쁨도 즐거움도 사랑도 결여된 복종을 요구했던 명령, 즉 예배의 명령을, 그 명령에 정반대되는 것, 바로 충동에, 더군다나 인간의 욕망에 대립시켰다. 종교적 행위는 가장 영적인 것이며 가장 아름다운 것이자 발전에 의해 필연적으로 생긴 분리조차도 여전히 통합하려고 노력하는 것이다. 그리고 그것은 이상 안에서 합일을 충만하게 존재하면서 현실과 더 이상 대립하지 않는 것으로 드러내어 이 합일을 소행(所行)에서 표현하고 강화하려고 하는 것이다. 그러므로 저 아름다움의 정신이 종교적 행위들에 결여되어 있다면 이 종교적

---

36) (옮긴이 주) 'positiv'는 보통 '긍정적', '적극적'으로 번역한다. 하지만 이 말은 '역사적으로 성립하고 전개되어 굳어져 생명력을 잃은'이라는 뜻을 함축하기 때문에 여기에서는 '실정적(實定的)'이라고 번역한다.

37) (옮긴이 주) 예배의 법, 도덕적 법, 시민적 법 등.

행위들은 가장 공허한 행위일 것이다. 또한 그것들은 저 정신의 파멸에 대한 의식을 요구하는 가장 무의미한 예속이자 인간이 자신의 무상함과 수동성을 표현하는 소행이기도 하다. 가장 세속적인 인간적 욕구의 충족은 이 행위들보다 더 우월하다. 그 욕구 안에는 아무리 공허한 생존일지라도 인간적 생존의 보존 또는 감정이 직접적으로 놓여 있기 때문이다.

최악의 궁핍이 신성한 것을 침해한다고 말하는 것은 동일률이다. 궁핍은 분열된 존재의 상태이며, 신성한 객체를 침해하는 행위는 행위에서의 궁핍이기 때문이다.[38] 인간은 궁핍에서 객체로 만들어지고 억압되든지, 아니면 자연을 객체로 억압할 수밖에 없다. 자연 자체가 많은 것을 통합하는 이상의 표명일 때일 뿐만 아니라, 자연이 어떤 방식으로든지 이 이상과 관련을 맺어서 그것에 속할 때에도, 자연만

---

38) (헤겔이 삭제한 문장) 궁핍은 다른 방식으로는 나타날 수 없다. 그러나 하찮은 행위에 의해 신성한 객체를 모독하는 것은 신성한 객체의 멸시로부터만 생길 수 있다. 그리고 사소한 경외심은 즉흥적 착상이나 자의의 발현을 미리 단념시킬 것이다. 어떤 객체 또는 율법의 신성함과 어떤 객체 또는 율법의 모독 사이의 대조는 궁핍이 작으면 작을수록, 신성 모독에 작용하는 자의가 크면 클수록 더욱더 커질 것이다.

이 성스러운 것이 아니라 그 자체로 객체인 신성한 것이 존재할 수도 있다. 궁핍은 그런 신성한 사물의 모독을 요구할 수 있다. 그러나 한 민족을 통합하는 것이 동시에 만인의 소유이자 공동의 것이라면, 궁핍의 경우가 아닌데도 신성한 사물을 침해하는 것은 방종이다. 그럴 경우에는 성물(聖物)의 침해가 동시에 만인의 권리에 대한 부당한 침해이기 때문이다. 이교의 예배를 위한 신전이나 제단을 파괴하고 그 사제를 쫓아내는 경건한 열정은 만인에게 속하는 공동의 성물을 모독하는 셈이다. 그러나 만인이 단념하고 만인이 봉사하는 한에서만 어떤 신성한 것이 만인을 통합하고 있다면, 타인으로부터 분리되는 어떤 사람이라도 이 점에서 그의 권리를 다시 수용한다. 그리고 타인과의 공유가 포기되고 그의 물건 - 이것이 시간이든 또는 무엇이든 간에 - 의 자의적인 사용이 다시 요구되는 한에서, 그런 신성한 사물이나 명령의 침해는, 타인을 고려해 볼 때, 방해일 뿐이다. 그러나 그러한 권리와 이 권리의 희생이 사소하면 사소할수록, 같은 시민에게 가장 고귀한 것에서 사람들은 그 때문에 같은 시민과 그만큼 덜 대립할 것이고 결합의 심오한 지점에서 같은 시민과의 공동관계를 깨부수려고 그만큼 덜 바랄 것이다. 공동관계 전체가 모멸의 대상이 될 때에만, 이런 종류의 관용은 없어졌다. 그렇지 않으면 친구란 아무래도 상관없는 일에 자제함으로써 이 관용을 마음과 혼을 **함께** 나누는 자를 향해 베푸는 법이다. 그런데 예수는 유태 민족의 생활 전체로부터 벗어났으므로, 이 관용을 거부했다. 그리고 그는 유태의 신성을 위해서 아주 평범한 욕망이나 자의(恣意)의 충족을 단념하지 않았고 한 번도 연기하지 않았다. 그는 유태 민족으로부터 자신의 분리, 객체적 명령 아래의 예속을 향한 철저한 경멸을 그 점에서 읽히도록 했다.

예수의 일행은39) 안식일에 밀 이삭을 뽑아냄으로써 유태인들의 분노를 샀다. 그들로 하여금 그렇게 하도록 유도한 굶주림은 이 밀 이삭에서 크게 충족될 수 없었다. 만약에 그들이 안식일을 경외했다면, 조리된 음식을 발견할 수 있는 어떤 장소에 이를 때까지 필요한 시간 동안 이러한 사소한 충족을 연기할 수 있었을 것이다. 그는 이 금지된 행위를 나무라는 바리새인들과 다윗을 대조했다. 그러나 다윗은 극도의 궁핍한 상태에 처했을 때 제단의 빵을 집어 들었다. 그는 사제들이 업무 때문에 안식일의 규정을 어기는 경우를 들었다. 단지 이러한 짓은 합법적이므로 그것은 안식일의 모독은 아니다. 한편으로는 사제들이 신전 안에서만 안식일의 규정을 어기지만 여기는 신전보다 더 크고 자연은 신

---

39) (옮긴이 주) 마태복음 12장.

전보다 더 신성하다고 알림으로써 예수는 위반 자체를 확대한다. 그러면서 다른 한편으로는 유태인들이 보기에는 신이 없고 신성하지 않은 자연을, 그들과 신이 관계를 맺고 있는 세계로 한정한 유일한 장소 위로 그는 대체로 고양시켰다. 그리고 그는 안식일의 신성시를 인간적 욕구의 하찮은 충족보다도 더 낮은 것으로 언명했다.

같은 날 예수는 오그라든 한 손을 고쳐 주었다. 다윗이 신성한 빵을 먹어치운 일 또는 안식일에 신부들이 하는 업무와 같이, 위험에 빠진 가축에 관련된 유태인들의 행동 방식은, 안식일의 성스러움조차도 그들에게는 절대적으로 타당하지 않으며 그들 스스로 이러한 명령의 준수보다도 더 높은 어떤 것을 알고 있음을 그들에게 증명하고 있긴 하다. 하지만 예수가 여기서 그들에게 제시한 것도 하나의 긴급한 경우다. 그리고 궁핍이 죄를 없애 준다. 우물에 빠진 동물은 즉각적인 도움을 필요로 한다ㅡ그러나 손이 오그리든 사람이 일몰 때까지도 자기 손을 사용하지 않았는지는 아무래도 상관이 없다. 그의 행위는 몇 시간 더 일찍 이 행위를 수행한 자발성을 표현하고 그러한 자발성이 최고의 권위로부터 나오는 명령보다 우위에 있음을 보여준다.

식전에 손을 씻는 관습(마태복음 15장 2절)에 예수는 인간의 온 주관성을 대립시킨다. 그리고 명령에 대한 맹종 위로, 객체의 순수성이나 불순함 위로 심정의 순수성과 불순성을 둔다. 그는 규정되지 않은 주관성, 성격을 객체적 명령의 어김없는 준수와 아무것도 공통되는 게 없는, 전혀 다른 영역으로 삼았다.

예수의 도덕과 칸트의 법칙

예수는 순수하게 객체적인 명령에 맞서서 이 명령에 철저하게 낯선 어떤 것, 즉 주체적인 것 일반을 대립시켰다. 그러나 그는 우리가 여러 관점으로 보아서 도덕적이거나 시민적인 명령이라고 부르는 법칙들에 대해서는 다른 태도를 취했다.[40] 이 법칙들은 인간의 자연적 관계들을 명령의 형식에서 표현하므로 그것들을 전체적으로나 부분적으로 객체적인 것으로 만드는 것은 그것들에 관한 착오다.

법칙은 대립자들을 하나의 개념 안에 합일하는 것이고 따라서 이 개념은 그것들을 대립된 것으로 내버려 두면서도 개념 자체는 현실적인 것에 대한 대립에 존립하므로, 개념

---

40) (헤겔이 삭제한 문장) 도덕적이거나 시민적인 명령은 인간적 존재의 한 활동에, 그 힘들의 한 활동에 근거하는 한 주체적이다.

은 당위를 표현한다.[41] 개념이 그 내용에 따라서 고찰되는 게 아니라 그 형식에 따라서 고찰되는 한, 즉 그것이 인간에 의해서 만들어지고 파악된 개념이라고 고찰되는 한 명령은 도덕적이다. 개념이 내용상으로만 일정한 대립자들의 합일로 간주되고 따라서 당위가 개념의 속성으로부터 유래하는 게 아니라 어떤 낯선 위력을 통해서 주장되는 한 명령은 시민적이다. 후자를 고려할 경우에 대립자들의 합일이 개념적으로 파악되지 않고 주체적이지 않기 때문에, 시민법은 다수의 생명체들 사이의 대립의 한계를 포함한다.[42] 그러나 순수한 도덕법은 **하나의** 생명체 안에서 대립의 한계를 규정한다.

그러므로 시민법은 생명체와 생명체 사이의 대립을 제한하며 도덕법은 어떤 생명체의 다른 측면, 다른 힘에 대한 이와 동일한 생명체의 **한** 측면, **한** 힘의 대립을 제한한다.[43]

---

41) (옮긴이 주) 시민적인 것이든 도덕적인 것이든 법칙은 우리가 어길 수 있다. 하지만 법칙은 여러 상황에 적용되는 기준이므로 개념이다. 그리고 그것은 우리가 준수해야 하므로 당위이기도 하다.

42) (헤겔이 삭제한 문장) 이 한계에 머물면 생명체들은 여전히 존속할 수 있다.

43) (헤겔이 삭제한 문장) 그러한 법칙들은 나머지 법칙들에는 낯설고 일면적인 힘에 대한 반성일 뿐이며 따라서 이 나머지 법칙들은 그

그리고 그런 한에서 이 존재자(Wesen)의 한 힘은 그것의 다른 힘에 대해 지배적이다. 순수 도덕법은 시민법이 될 수 없다. 즉 대립자들과 그 합일이 이 도덕법 안에서 낯선 타자의 형식을 가질 수 없다. 만일 그렇다면 이 도덕법은 그 활동이 타인에 대한 관계나 활동이 아닌 그런 힘들의 제한과 관련되는 것이다. 법칙이 단지 시민적 명령으로만 작용한다면 그것은 실정법이다. 그리고 법칙은 질료상으로 도덕법과 같기 때문에, 또는 개념에서 객체적인 것들의 합일이 비객체적인 합일을 역시 전제하거나 그러한 합일이 될 수 있기 때문에, 만일 시민법이 도덕법으로 된다면, 즉 시민법의 당위가 외적인 위력의 명령이 아니라 그 자신의 개념의 귀결이자 의무에 대한 존경이라면 시민법의 형식은 폐기될

법칙들에 의해 배척되거나 지배되어 있으므로, 그 법칙들은 그 본성상 부분적으로 실정적(實定的)이다― 그것들이 결코 인간의 힘으로 작용하는 게 아니라 철저하게 낯선 힘으로 작용한다면, 즉 인간이 이 주인들을 결코 자신 안에 갖는 게 아니라 철저하게 자신 바깥에서 가진다면, 그것들은 완전히 실정적으로 될 수도 있다―. 예수가 이 명령들을 주체적으로 만들기 위해 걸었던 길은, 그것들이 보편적인 법칙이고 이 법칙의 보편성은 인간적 능력, 즉 보편성의 능력인 이성의 표시이며, 이 명령들을 인간적인 능력의 산물로 드러내는 이성의 전개가 이루어지면 그것들로부터 그 객체성, 실정성이 탈취된다는 것을 보여 주는 길은 아니었다.

것이다. 그러나 합일(혹은 제한)이 스스로 개념으로, 명령으로 작용하는 게 아니라, 비록 주체적이긴 하지만, 제한된 힘에 낯선 것으로 작용한다면, 시민적 명령이 될 수 없는 도덕적 명령도 객체적으로 될 수 있다. 이런 종류의 객체성은 개념 자체의 복구와 개념에 의한 활동의 제한을 통해서만 지양될 수 있을 것이다.

우리는 예수가 도덕적 명령의 실정성(實定性), 즉 단순한 합법성에 맞서 싸웠으리라고 예상할 수 있을 것이다. 그리고 우리는 율법적인 것(das Gesetzliche)은 보편적인 것이고 그것의 온전한 구속력은 그것의 보편성에 놓여 있음을 예수가 보여 주었으리라고 예상할 수 있을 것이다. 한편으로는 각각의 당위, 각각의 명령은 낯선 것으로 나타나기 때문이다. 다른 한편으로는 이 당위, 이 명령은 개념(보편성)으로서 주체적인 것이고 그럼으로써 인간적 힘, 즉 보편성의 능력인 이성의 산물로서 자신의 객체성, 실정성, 타율성을 상실해서, 명령된 것이 인간적 의지의 자율에 근거하는 것으로 드러나기 때문이다. 그러나 이 길을 통해서는 실정성은 부분적으로만 제거된다.[44]

---

[44] (헤겔이 삭제한 문장) 의무 명령은 특수자와 대립한 채로 머무는 하나의 보편성이고, 보편성이 지배한다면 특수자는 억압된 것이기 때

교회와 국가를 통치하는 유럽의 주교, 퉁구스족의 무당, 청교도, 보굴족[45]과 자기의 의무 명령에 복종하는 사람 사이의 차이는 전자가 자신을 노예로 만들고 후자가 자유롭다는 게 아니다. 오히려 그 차이는 전자는 자신의 외부에 주인을 갖는 반면에 후자는 자신 안에 주인을 갖지만 동시에 자기 자신의 노예라는 것이다.[46] 특수자 ─ 충동, 경향, 정념적 사랑, 감성, 또는 우리가 그것을 어떻게 부르든 간에 ─ 에 대해 보편자는 필연적으로 영원히 낯선 것이고 객체적인 것이다. 거기서 파괴할 수 없는 실정성이 남는다. 이 실정성은 보편적 의무 명령이 보유하는 내용, 즉 규정된 의무가 제한

문이다.

[45] (옮긴이 주) 서부 시베리아의 오비 강 지류에 사는 종족. 헤겔의 원고에는 Mogulitz라고 표기되어 있는데 이는 Wogulitz를 잘못 표기한 것이다.

[46] (옮긴이 주) 칸트에 따르면, 경향, 즉 욕망, 정서, 감정 등에 사로잡혀 행동하는 자는 자유롭지 못하다. 또한 외부적 권위나 실정적 명령에 사로잡혀 행동하는 자도 역시 자유롭지 못하다. 자유 의지로 경향을 제어해 이성적 법칙인 의무 명령에 따르는 자만이 자유롭다. 이렇게 본다면 유럽의 주교, 퉁구스족의 무당, 청교도, 보굴족은 외부적 권위나 실정적 명령의 노예인 셈이다. 헤겔은 칸트의 이러한 견해를 비틀고 뒤집는다. 의무 명령을 따르는 자도 역시 자기 자신에 사로잡혀 있으므로 자기 자신의 노예라고 헤겔은 칸트를 비판했다.

되어 있으면서도 동시에 보편적인 모순을 포함하고 보편성의 형식 때문에 그 일면성에 대한 가장 완강한 요구를 해 우리를 격분시킨다. 의무의 개념 속에 결코 발견되지 않는 인간적 관계를 슬퍼하라. 의무 개념이 보편성의 공허한 사상일 뿐만 아니라 행위 안에서 마땅히 나타나야 하므로 의무의 개념은 모든 다른 관계를 배척하거나 지배한다.

인간을 그 전체성 안에서 재건하려고 했던 한 남자는 인간의 분열 상태에 완고한 자부심만을 곁따르게 하는 길을 걸을 수 없었다. 율법의 정신에서 행동하는 것이 그에게는 경향과 모순되는 의무에 대한 존경으로부터 행동하는 것을 의미할 수 없었다. 정신의 두 부분, 즉 이성과 경향(심정이 이렇게 분열되어 있는 경우에는 달리 말할 수 없다)은 그렇게 분열되어 있어서는, 결코 율법의 정신 안에 자리 잡는 게 아니라 율법의 정신에 맞서 있을 것이기 때문이다. 즉, 그 한 부분인 이성은 배척하는 어떤 것, 따라서 자기 자신에 의해 제한된 어떤 것이므로 그럴 것이고 다른 부분인 경향은 억압된 어떤 것이므로 그럴 것이다.[47]

---

[47] (옮긴이 주) 헤겔은 여기서 칸트가 내세우는 이성과 경향의 이원론을 비판하고 있다. 이러한 비판은 훗날까지 이어진다.

산상수훈

도덕성을 초월한 예수의 이러한 정신은 산상수훈에서 율법과 정면으로 맞선 채로 나타난다. 산상수훈은 율법의 여러 가지 예에서 수행된 시도, 즉 율법으로부터 율법의 형식인 율법적인 것[48]을 제거하려는 시도다. 이 시도는 율법에 대한 존경을 설교하는 게 아니라 율법을 완성하면서도 그것을 율법으로서 지양하는 것, 따라서 율법에 대한 복종보다 더 높은 어떤 것이며 그것을 쓸모없게 하는 것을 보여 준다.

의무 명령이 의무와 경향의 분리를 전제하고 개념의 지배가 당위에서 자신을 알리므로 이 분리를 초월해 있는 것은 그 반대로 하나의 **존재**(ein Sein)[49]이고 생명의 한 양태

---

48) (옮긴이 주) 이미 굳어져서 인간성을 억압하는 족쇄와 같은 율법의 형식, 즉 율법의 실정성을 뜻한다.

49) (옮긴이 주) 한국어와 달리 독일어 존재(Sein)는 두 가지 의미로 고찰할 수 있다. 첫째로, 'S(주어 개념) ist P(술어 개념)'에서 'S는 P다'이므로 ist(Sein의 단수 3인칭)는 분리된 주어 개념과 술어 개념을 결합하는 계사다. 둘째로, 'S ist'는 'S는 있다'이므로 ist는 있음을 의미한다. 여기서 Sein은 분리된 것을 결합하는 계사에 해당한다. 이것은 횔덜린의 영향을 받은 듯하다.

다. 그런데 생명의 한 양태는 객체와 관련해서 본다면 배타적이고, 따라서 제한되어 있을 뿐이다. 객체의 피제한성만이 배척을 야기하고 객체만이 그것과 관련되기 때문이다.[50] 예수는 그가 율법에 대립시키고 율법 위로 정립하는 것을 명령으로 표현한다(내가 율법을 폐지하려는 줄로 생각하지 말라, 너희들은 말을 이렇게 해라, 나는 너희들에게 저항하지 말라고 말한다, 신과 네 이웃을 사랑하라 등) 하더라도, 이런 표현법은 의무 명령의 당위와는 전혀 다른 의미에서 명령이다. 생동하는 것이 사유되고 말로 표현되어 자신에게 소원한 형식, 즉 개념적 형식으로 주어진다는 것으로부터 이런 표현법이 귀결될 뿐이다. 그 반대로 의무 명령은 보편적인 것으로서 그 본질상 하나의 개념이기 때문이다. 그리고 생동하는 것이 반성된 것, 언표된 것이라는 형식으로 인간을 향해 이와 같이 나타난다면, 생동하는 것에 어울리지 않는 이러한 표현 양식, 즉 "무엇보다도 먼저 신을 사랑하고 네 이웃을 너 자신처럼 사랑하라"를 칸트가 사랑을 명하는 율법에 대한 존경을 요구하는 명령으로 간주한

---

[50] (옮긴이 주) 헤겔은 사랑을 생명의 한 양태로 간주한다. 그러나 사랑의 객체, 즉 대상은 반드시 제한될 수밖에 없기 때문에 - 예컨대, '네 이웃을 사랑하라'라는 계명과 같이 - 그 객체는 배타적이다.

것51)은 심히 부당한 일이었다. 그리고 그는 그가 명령이라고 부르는 것, 즉 "무엇보다도 먼저 신을 사랑하고 네 이웃을 너 자신처럼 사랑하라"를 그의 의무 명령으로 심원하게 환원한다. 이러한 환원은 개념과 현실적인 것의 대립에 존립하는 의무 명령과 생동하는 것을 말로 표현하는 극히 우연적인 방식의 이 혼동에 근거한다. 그리고 사랑은 ─ 혹은 칸트가 이 사랑에 부여하지 않으면 안 된다고 생각한 의미, "모든 의무를 기꺼이 완수한다"에서 ─ 명령될 수 없다는 그의 소견은 저절로 소멸한다. 모든 의무 관념이 사랑에서는 사라지기 때문이다. 그리고 예수가 앞의 언명을 어떠한 피조물에 의해서도 도달될 수 없는 신성의 이상이라고 간주함으로써 칸트가 그 반대로 이 언명에 다시 주는 영예조차도 똑같이 쓸데없이 낭비된다. 의무는 대립을 요구하고 기꺼이 하는 행위는 아무런 대립도 요구하지 않으므로, 의무가 기꺼이 수행되는 것으로서 표상될 그러한 이상은 자기모순적이다. 그리고 칸트는 이성적인 피조물(하나의 기묘한 합성어)이 타락할 가능성은 있어도 그 이상에 도달할 수 없다고 언명하기 때문에, 그는 합일되지 않는 이 모순을 자신의

---

51) (옮긴이 주) 칸트의 ≪실천이성비판≫ 제1부 제1편 제3장을 참조하라.

이상 안에서 견뎌 낼 수 있다.

예수는 산상수훈을 일종의 역설(逆說)과 더불어 시작한다. 이 역설 안에서 그의 온 영혼은 기대에 찬 다수의 청중을 향해 그들이 자신으로부터 전혀 낯선 어떤 것, 즉 다른 수호신, 다른 세계를 기대해야 한다고 곧장 명백하게 선언한다. 거기에는 외침이 있다. 이 외침에서 그는 곧장 덕에 대한 통상적 평가로부터 열광적으로 멀어져서 다른 법과 빛, 다른 생명 영역을 열광적으로 선포한다. 그러나 세상에 대한 이 생명 영역의 관계는 세상으로부터 미움받고 박해받을 수 있는 관계일 뿐이다. 그러나 그는 이 하늘나라에서 그들에게 율법의 폐지를 보여 주지 않는다. 오히려 정의가 율법을 완성하지 않으면 안 된다. 그러나 그것은 의무의 자식들(Pflichtlinge)[52]의 정의와는 다른 정의이며 그 정의 이상을 포함하고 그 정의보다 더 완전하다. 즉, 그것은 율법이 지니는 결함의 충전인 셈이다.

---

52) (옮긴이 주) 의무를 경멸적으로 표현하는 용어.

사랑과 생명의 도덕

다음으로 예수는 이 충전하는 것을 여러 율법에서 보여 준다. 우리는 이 이상의 것을 자신 안에 포함하는 것을 율법이 명령하는 대로 행동하는 경향,[53] 즉 경향과 율법의 일치라고 부를 수 있다. 경향과 율법이 일치함으로써 율법은 율법으로서의 형식을 상실한다. 경향과의 이 일치가 율법의 보완($\pi\lambda\eta\rho\omega\mu\alpha$)이자 존재(ein Sein)다. 이 존재는 옛날의 표현 방식으로는 가능성의 보충이다. 가능성은 사유된 것, 보편자로서 객체이기 때문이다.

존재는 주체와 객체의 종합이고, 이 종합에서 주체와 객체는 자신들의 대립을 상실한다. 마찬가지로 앞에 말한 경향, 즉 덕도 종합이다. 이 종합에서 법칙(그 때문에 칸트가 늘 객관적인 법칙이라고 부르는)은 자신의 보편성을, 똑같이 주체는 자신의 특수성을 상실한다 ─ 양자는 자기들의 대립을 상실한다. 이에 반해서 칸트적인 덕에는 이 대립이 머물러 있고 법칙은 지배하는 것으로 되고 주체는 지배되는 것으로 된다. 경향과 법칙의 일치는 법칙과 경향이 더 이상

---

[53] (헤겔이 삭제한 문장) 경향에 의한 도덕적 심성의 뒷받침이 아니라 마음에서 우러나는 도덕적 심성, 즉 갈등이 없는 도덕적 심성이다.

상이하지 않다는 것과 같은 종류의 표현이다. 그런데 법칙과 경향의 일치라는 표현에는 그것들이 여전히 특수한 것으로, 대립된 것으로 나타나기 때문에 이 표현은 전혀 부적당하게 된다. 더군다나 도덕적 심성, 법칙에 대한 존경 그리고 법칙에 의해 의지가 규정되어 있는 상태가 법칙과는 상이한 경향에 의해 지지되고 있다고 쉽게 이해될 수 있을 것이다. 그리고 일치하는 것들이 상이한 것들이므로 일치도 우연적일 뿐이며 낯선 것들의 통일, 사유된 것일 뿐이다. 그러나 법칙과 (그리고 그것과 관련된 것인) 의무의 보충에서는 도덕적 심성 따위는 경향에 대립되어 있는 보편자이기를 그치고 경향은 법칙에 대립되어 있는 특수자이기를 그치므로, 법칙과 경향의 이 일치는 생명이고 상이한 것들의 관계로서 사랑이고 존재다. 이 존재는 개념이나 법칙으로 표현되어도 필연적으로 법칙, 즉 자기 자신과 같거나, 또는 현실적인 것으로서, 경향으로서 개념과 대립되어도 마찬가지로 자기 자신, 경향과 같다.[54]

---

[54] (헤겔이 삭제한 문장) 어느 명령이라도 보편적인 것이기 때문에 그것은 당위만을 표현할 수 있다. 그것은 존재를 말로 표현하지 않음으로써 곧장 자기의 결함을 알린다. '너희들은 사람을 죽이지 말라'라는 명령에 대해 예수는 하나의 덕, 즉 인간애의 심성을 대립시킨다. 인간애의 심성은 앞의 명령을 내용상 쓸모없게 만들 뿐만 아니

이리하여 "살인하지 말라"는 계명은 모든 이성적 존재자의 의지에 타당한 것으로 인정되며 하나의 보편적 입법의 원리로서 타당할 수 있는 원칙이다. 예수는 그러한 계명에 화해(사랑의 한 양태)라는 한층 더 높은 정신(Genius)을 대립시킨다. 이 화해의 정신은 앞의 율법을 위배하지 않을 뿐만 아니라 그것을 전혀 쓸모없게 만든다. 그것은 자기 안에 풍부하고 생동하는 충만을 포함하므로 율법과 같이 빈약한 어떤 것은 그것에게는 전혀 존재하지 않는다. 화해 안에서 율법은 자신의 형식을 상실하고 개념은 생명에 의해 배제되므로, 개념 안에서 모든 특수자를 내포하는 보편자라는 점에서는 화해에 누락되는 것이 있다. 하지만 그것은 외관상의 상실일 뿐이다. 그것은 화해와 관련되는 아마도 소수의 개인들과의 생동하는 관계들의 풍요로움을 통한 참되고 무한한 획득이다.

화해는 현실적인 것을 배척하는 것이 아니라 사유된 것, 가능성을 배척한다. 그리고 개념의 보편성 안에 있는 가능

라 형식상 명령도, 즉 저항하는 것에 대해 명령하는 것으로서의 명령의 대립도 폐기하고 심정의 희생, 파괴 또는 억압의 모든 관념도 제거한다. 동시에 인간애의 심성은 이성의 차가운 명령보다 한층 풍부하고 생동하는 충만이다.

성의 이러한 풍요, 즉 계명의 형식은 그 자체가 생명의 분열이며 내용상 너무 빈약해서 이 계명에서 금지된 유일한 악행 외의 나머지 모든 악행을 허용한다.55) 이에 반해서 화해의 태도 앞에서는 분노조차도 범죄다. 게다가 분노는 억압에 대한 감정의 재빠른 반응이며 다시 억압하려는 마음의 끓어오름이다. 이 마음의 끓어오름은 일종의 맹목적인 정의이며 따라서 평등을 전제하긴 한다. 하지만 그것은 적대하는 자들의 평등을 전제한다. 이와 반대로 적개심을 품지 않는 화해의 정신은 타인의 적개심을 없애려고 노력한다.

  사랑의 견지에서 판단하자면 제 형제를 악당이라고 욕하는 것은 사랑에게는 죄악이고 더군다나 분노보다 더 큰 죄악이다. 그러나 고립 상태에 빠진 악당도 상당한 인물로 여전히 간주된다. 이 고립 상태에서 악당도 스스로 한 사람으로서 다른 사람들과 적대적으로 대치하고 이러한 혼란에서 존립하려고 노력하기 때문이다. 그는 미움을 받기 때문에 여전히 가치를 지니고 있다. 그리고 대악당은 경탄을 받

---

55) (옮긴이 주) 예컨대 '살인하지 말라'라는 계명은 살인이라는 악행을 명백히 금지한다. 그러나 이 계명이 도둑질, 강도와 같은 다른 악행을 금지하는지는 명백하지 않다. 이런 점에서 헤겔은 이 계명이 금지하는 악행 외의 다른 악행을 허용한다고 보고 있다.

을 수 있다. 그러므로 남을 바보라고 공언하는 짓은 사랑에게는 더욱더 낯설다. 이런 짓은 남과의 모든 관계뿐만 아니라 본질의 모든 공동성, 모든 평등도 폐기하고 관념 안에서 남을 철저히 억눌러서 그를 쓸모없는 한 인간으로 간주하기 때문이다.56)

그 반대로 제단 앞에서 불화를 자각하는 사랑은 제물을 거기에 놓아두고 형제와 화해를 하고 나서야 순수하고 단순한 마음으로 유일한 신 앞으로 나아간다. 사랑은 재판관이 권리를 판결하도록 내버려 두는 게 아니라 권리를 전혀 고려함이 없이 스스로 화해한다.57)

이와 같이 예수는 혼인에서 의무적으로 지켜야 하는 정절과 부인과 헤어지는 권리에 사랑을 대립시킨다. 사랑은 앞의 의무에 모순되지 않는 것, 즉 욕정조차도 배척하고 앞

---

56) 대개의 언어 해석은 여기서 채택한 'ϱακα'의 의미를 가장 많이 찬성하고 있다. 그 반대로 바보(Narren)를 악당(Schurken)보다 더 부드러운 말로 여기고 그 낱말들이 나오는 심정에 따라서가 아니라 그 낱말들이 자아내는 인상에 따라서 판단하는 해석자의 도덕적 감각이 주요한 난점을 만든다. 그리고 바보라고 불리는 사람은 자신이 제 구실을 하는 사람이라고 느끼기 때문에, 그가 다른 사람만큼 영리하다면, 그는 그 방향을 돌려서 남을 바보라고 부른다.

57) (헤겔이 삭제한 문장) 사랑은 이반, 모욕에 의해서 생겨난 권리의 폐지마저도 요구한다. 사랑은 화해를 요구한다.

의 의무에 모순되었던 이러한 허가(이혼의 허가)를 한 경우를 제외하고는 취소한다.[58] 이리하여 한편으로는 사랑의 신성이 간통에 반대하는 율법의 보완($\pi\lambda\eta\rho\omega\mu\alpha$)이다. 그리고 인간의 많은 측면들 중의 한 측면이 자신을 전체로 높이거나 전체에 맞서서 고개를 쳐들 경우에, 이러한 신성만이 그 측면을 억누를 능력을 준다.

전체의 느낌인 사랑만이 본질의 분산을 저지할 능력이 있다 — 다른 한편으로 사랑은 아내와 이혼해도 좋다는 허가를 취소한다. 그리고 사랑이 지속하는 동안에도, 사랑이 식은 때에도 허가와 권리가 사랑을 향해서는 문제 될 수 없다. 사랑이 여전히 남아 있는 아내를 사랑하기를 그만두는 것은 사랑으로 하여금 자기 자신에게 불성실하게 만드는 것이고 죄를 짓게 만드는 것이다. 사랑의 정념을 다른 데로 옮기는 것은 사랑의 과오일 뿐이고 사랑은 이 과오를 양심의 가책으로 속죄하지 않으면 안 된다. 이 경우에 사랑은 물론 자신의 운명을 면할 수 없고 혼인은 그 자체로 깨진다. 그러나 남편이 권리와 율법의 도움을 받아서 자기 쪽으로 적법성과

---

[58] (헤겔이 삭제한 문장) 율법과 권리의 결합과 두 경우의 율법에 대한 존경의 결합, 즉 의무와 허가의 결합은 덕, 살아 있는 관계, 모든 율법의 보완과의 이러한 대립에 의해 저절로 밝혀진다.

정당성을 끌어들인다면, 그것은 아내의 사랑을 훼손함은 물론 게다가 비열한 냉혹성을 보태는 것을 의미한다. 예수가 예외로 삼은 경우에만, 즉 아내가 다른 남자에게로 사랑을 돌렸을 때에만 남편은 아내의 종으로 머물지 않아도 좋다. 유태인들의 마음이 완고하기 때문에($\sigma\chi\lambda\eta\varrho\iota\varsigma\ \chi\alpha\varrho\delta\iota\alpha$) 모세는 혼인에 관한 율법과 권리를 그들에게 주지 않으면 안 되긴 했다. 하지만 처음부터 그는 그렇게 하지 않았다.

산상수훈

현실적인 것에 관한 단언에서는 주체와 객체가 분리된 것으로 사유된다. 또는 미래의 일에 관한 단언, 즉 약속에서는 의지의 언명과 소행 자체가 완전히 분리된 것으로서 여전히 사유된다. 그리고 진리, 이를테면 양자의 확고한 연관이 중요한 일이다. 이미 일어난 소행이나 미래에야 비로소 일어날 소행의 관념은 서약한 단언에서는 신적인 어떤 것과 연결된다. 그리고 언행의 연관, 결합, 존재 자체는 존재하는 어떤 것에서 표시되고 그것 안에서 생생하게 그려진다. 맹세되는 경우의 진리 그 자체는 눈에 띄게 될 수 없기 때문에 진리 자체인 신이 그 자리에 놓인다. 그리고 때로 신은 이런 방식으로 다른 사람에게 주어져서 그 안에 확신을 불러일으킨다. 때로는 이 존재하는 것이 맹세하는 자의 결의하는 심정에 반작용함으로써 진리의 반대가 배제된다. 그런데 이 가운데에 미신이 어느 정도까지 놓여 있는지는 전혀 간파될 수 없다.

유태인들이 하늘에 두고 땅에 두고 예루살렘에 두고 또는 머리카락에 두고 맹세하고 그 맹세를 신의 뜻에 맡겨서 주(主)의 손에 그 맹세를 걸었을 때, 그들은 단언된 것의 현실을 한 객체에 결부시키고 두 현실을 등치시켜서 이 객체와 단언된 것의 연관, 양자의 동등성을 하나의 외적인 권위의 힘에 위탁했다. 그리하여 신은 말을 지배하는 위력으로 정립되어 있으며 이런 연관은 마땅히 인간 자신 안에 정초되어 있어야 한다. 단언된 소행과 사람들이 두고 단언하는 객체(das Objekt, bei dem versichert wird)는 서로 너무 긴밀히 얽혀서 한쪽이 폐기되면 다른 쪽도 부인되어 관념 안에서 폐기된다. 따라서 약속된 소행 또는 단언된 현실이 실제로 있지 않다면 사람들이 두고 맹세했던 객체인 하늘, 땅도 역시 부인된다. 그리고 이 경우에 객체의 주(主)는 객체의 반환을 요구하지 않을 수 없고 신은 그 자신에 속하는 것을 복수하는 자가 되지 않을 수 없다 - 예수는 객체적인 어떤 것과 단언된 소행의 이러한 연결을 반박한다. 그는 맹세를 지킬 의무를 강화하는 게 아니라 맹세를 통틀어서 쓸데 없는 것이라고 선언한다. 하늘도 땅도 예루살렘도 머리카락도 인간의 정신이 아니며 인간의 정신만이 인간의 말과 행동을 결합하는 것이기 때문이다. 오히려 그는 그런 객체는 인간의 정신에 낯선 소유라고 선언한다. 그리고 소행의 확실성은 낯선 어떤 것과 연결되어 낯선 것의 손아귀에 맡겨져서는 안 되고 오히려 말과 행동의 연관은 살아 있어야 하며 인간 자신에 근거해야 한다고 선언한다.

"눈에는 눈, 이에는 이"라고 율법은 말한다. 보복, 그리고 보복의 동등성은 모든 정의의 신성한 원리이고 어느 국가 제도라도 근거하지 않으면 안 되는 원리다. 그러나 그는 사랑을 통해서 권리를 포기하고 정의 또는 불의의 온 영역을 넘어설 것을 일반적으로 요구한다. 권리와 함께 불평등의 이러한 감정과 동등성을 요구하는 이러한 감정의 당위, 즉 적을 향한 증오도 사랑에서는 소멸하기 때문이다.

순수성과 몰율법성의 도덕

여태까지 예수가 설교했던 율법과 의무는 전체적으로 보아 시민적인 것이었다. 그리고 그가 율법과 의무에 부여한 보완은, 그가 그것들을 율법과 의무로 시인했지만 율법과 의무의 준수를 위한 동기로서 율법과 의무에 대한 순수한 존경을 요구했다는 것이 아니었다. 오히려 그 보완은 율법과 의무에 대한 경멸을 보여 주었다. 그런데 예수의 보완은 하나의 정신이다. 만일 이 정신으로부터 나오는 행동이 가령 율법과 의무 명령에 따라서 판단된다면 그것은 율법과 의무 명령에 따른다고 인정된다. 하지만 그 정신은 권리와 의무에 대해 아무런 의식도 지니지 않는다.

더 나아가서 예수는 단지 도덕적일 뿐인 하나의 의무, 즉 자선의 덕에 관해 설교한다. 기도나 단식의 경우에서처럼 자선의 경우에 낯선 어떤 것의 혼입, 행위의 불순성을 예수는 비난한다ー"남에게 보이기 위해 선행을 하지 말라". 행위의 목적, 이를테면 행위가 아직 이루어지기 전의 사유된 것으로서의 행위가 완수된 행위와 같도록 하라. 행위 안에 있지 않은 다른 요소, 즉 남에게 보인다는 요소를 행위의 의향 안으로 혼합하는 이러한 위선뿐만 아니라, 행위를 완수된 의무로 의식하는 것조차도 그는 멀리한 것처럼 보인다. "오른손이 하는 일을 왼손이 모르게 하라"는 그의 말은 '행위가 남에게 알려진다'는 점으로부터 이해될 수 있는 게 아니라 '사람들에게 보인다'의 역(逆)이다. 따라서 그것이 의미를 지녀야 한다면 그것은 자신이 의무에 따르고 있는지에 관한 자기반성을 표시할 것이다.

행위를 할 경우에 나만이 나를 보고 있는지 또는 남도 역시 나를 보고 있다고 생각하는지, 내가 내 의식만을 즐기는지 또는 내가 남의 갈채도 역시 즐기는지는 실로 큰 차이는 아니다. 의무, 즉 보편자가 특수자에 대해 거둔 승리에 관한 남들의 갈채가 나에게 인식될 때, 그 갈채는 말하자면 더 이상 사유된 보편성과 특수성이 아니라 직관된 보편성과 특수성이기 때문이다. 전자는 다른 사람의 관념 안에 있고 후자는 현실적인 것 자체로서 타인 안에 있다. 그리고 의무를 완수했다는 고독한 의식은 종류상으로 명예와 다르지 않다. 오히려 명예가 주어질 때 보편성이 이상적으로 타당한 것으로 인정될 뿐만 아니라 현실적으로 타당한 것으로 인정되는 한에서만, 그 의식은 명예와 다르다. 의무를 완수했다는 자의식 속에서 개인은 스스로에게 보편성의 성격을 준다. 그는 스스로 자기를 보편자로, 특수자로서 자기 자신을 넘어선 것으로, 그리고 특수성 개념 안에 놓여 있는 것을 넘어선 것으로, 즉 개인들의 집합을 넘어선 것으로 직관한다. 보편성 개념이 개인에게 적용되듯이, 특수성 개념도 개인들에 대한 이러한 관계를 보존하고 그들은 자기 자신을 보편성에 합치시켜서 의무를 완수했다고 인식하는 자에 맞서 대립하기 때문이다. 그리고 이러한 자의식은 사람들의 갈채와 똑같이 행위에 낯설다.

　스스로 옳다는 이러한 확신과 이 확신에 의거해서 남을 경멸하는 것(양자는 보편자에 대한 특수자의 필연적 대립 때문에 필연적으로 연결되어 있다)에 관해 예수도 누가복음 18장 9절 이하의 우화에서 말하고 있다. 바리새인은 자신이 강도, 부정한 자, 간통한 자인 다른 많은 사람들과 같지 않거나 지금 자기 주변에 있는 세리와도 같지 않다는 것에 대해 신에게 감사를 드린다. 그리고 그는 그것에서 자기 의지의 힘을 인식하지 못할 정도로 겸손하다. 그는 규정에 따라서 단식하고 성실한 사람으로서 양심적으로 십일조를 바친다. 예수는 이러한 정직과 성실(Rechtsschaffenheit)에 대해, 이 의식이 진실하지 않았다고 결코 말하지 않는다. 하지만 "신이여, 이 죄인에게 자비를 베푸소서"라고 말하면서 가슴을 치는 세리의, 감히 하늘을 올려다보지 못하고 내리깐 시선을 그는 이 의식에 대비시킨다. 따라서 모든 율법을 충실하게 준수했다는 청년의 의식(마태복음 19장 20절)과도 같이 자신의 의무를 완수했다는 바리새인의 의식, 즉 이러한 훌륭한 양심은 위선이다. 그 의식이 행위의 의도와 이미 결부되어 있다면, 그 의식은 한편으로는 자기 자신에 대한 반성, 행위에 대한 반성, 즉 행위에 속하지 않는 불순한 어떤 것이기 때문이기도 하다. 또한 그 의식이 바리새인의 경우와 앞의 청년의 경우에서 보듯이 자기 자신을 도덕적 인간이라고 여기는 관념이라면, 그 의식은 다른 편으로는 그 내용이 덕들, 즉 제한된 것들인 관념이기 때문이기도 하다. 이 제한된 것들은 자신들의 범위가 주어져 있고 자신들의 소재 안에 한정되어 있다. 따라서 그것들은 전부 다 모아도 불완전한 것이다. 이에 반해 자신의 의무를 다했다는 의식, 훌륭한 양심은 위선적으로 자신을 전체로 꾸며 댄다.

예수는 바로 이러한 정신에서 기도와 단식에 관해 말한다. 양자는 완전히 개체적이고 철저하게 명령된 의무이거나 또는 어떤 욕구에만 근거하고 있다. 양자는 하나의 개념 안에 합일될 수 있을 대립을 전제하지 않기 때문에, 도덕적 의무로 표상될 수 없다. 그는 사람들이 기도할 때나 단식할 때 남들 앞에서 내보이는 가식을 비난한다. 그리고 특히 기도의 경우에 그는 의무와 의무 수행의 외양을 기도에 부여하는 수다스러운 빈말을 비난한다. 그는 단식할 때 그 근저에 있는 느낌에 따라서, 단식하도록 몰아대는 욕구에 따라서 단식을 판정한다(마태복음 9장 15절). 그는 기도할 때 불순성의 제거 외에 기도하는 방식도 가르쳐 준다. 기도의 진실에 대한 고려는 이 경우에 알맞지 않다.

생활의 걱정을 버리고 재부(財富)를 경멸하라는 잇따르는 요구에 관해서는 물론, "부자가 하늘나라에 들어가는 것이 얼마나 어려운가"라는 마태복음 19장 23절의 말씀에 관해서는 실로 이야기할 것이 없다. 그것은 설교나 시구(詩句)에만 허용되는, 늘 다시 낭독되는 훈계나 탄식이다. 그러한 요구는 우리에게 아무런 진리도 갖지 않기 때문이다. 재산이라는 운명은 우리에게 너무나 강력해서 우리가 그것에 대한 반성을 견뎌 낼 수 없고 그것의 분리를 생각할 수 없다. 그렇지만 재부의 소유는 이와 관련된 모든 염려 및 그 모든 권리와 함께 인간 안으로 여러 규정성을 가져온다는 것이 역시 그만큼 통찰되어야 한다. 이 규정성의 울타리는 덕들에 한계를 설정하고 조건과 의존성을 부과한다. 그리고 이 조건들과 의존성의 내부에서는 의무와 덕을 위한 여지가 있긴 하지만 그것들은 전체적인 것도, 완전한 생명도 허락하지 않는다. 생명이 객체와 연결되어 자기 자신의 외부에 자신의 조건을 갖기 때문이고 결코 생명의 소유일 수 없는 것조차도 생명에게 자기 것으로 용인되기 때문이다.

   재부는 하나의 권리이고, 다양한 권리 안에 포함됨으로써 사랑이나 전체성에 대한 자신의 대립을 곧장 드러낸다. 그럼으로써 재부와 직접적으로 관계하는 덕인 정직과 성실도, 재부의 범위 내부에서 가능한 다른 덕들도 배척[59]과 필

---

[59] (옮긴이 주) 이 덕들과 다른 덕들의 배척.

연적으로 연결되어 있다. 그리고 어떠한 덕의 행동도 그 자체로 대립된 것이다. 절충, 즉 두 주인의 섬김은 생각될 수 없다. 무한정한 것과 한정된 것은 그것들의 형식을 유지한 채로 결합될 수 없기 때문이다. 예수는 사랑에 대립된 영역을 파괴하기 위해 의무들의 보완뿐만 아니라 이러한 원리들의 객체, 즉 의무 영역의 본질도 보여 주지 않으면 안 되었다.

누가는(누가복음 12장 13절) 예수가 재부에 반대하는 태도를 언명한다는 견해를, 이를 더욱 명백히 하는 문맥 안에서 제시한다. 어떤 사람이 유산 분배에 대해 자기 형제들에게 중재해 줄 것을 예수에게 청했다. 그러한 중재에 대한 요청을 거절하는 것은 이기주의자의 태도일 뿐이라고 판단된다. 그는 그 부탁을 한 사람에 대한 대답에서 자신이 그러한 일을 할 자격이 없음을 직접적으로 내세우는 듯이 보인다. 그러나 그가 유산 분배에 대한 하등의 권리도 갖지 않는다는 것 이상의 것이 그의 정신 속에는 있다. 그는 곧장 사도들 쪽으로 말머리를 돌려 소유욕에 대해 훈계하고 나서, "이 어리석은 자야, 바로 오늘밤 네 영혼이 너에게서 떠나갈 것이다. 그러나 네가 쌓아 둔 것은 누구의 차지가 되겠느냐? 이렇게 자신을 위해서는 재산을 모으면서 신에게 인색한 사람은 바로 이와 같이 될 것이다"라는 소리를 내어 신이 놀래 주는 부자의 우화를 부가하기 때문이다. 이리하여 그는 권리의 측면을 속인들에게만 허용하고 사도들에 대해서는 권리, 정의, 공정의 영역, 사람들이 누릴 수 있는 우호적 봉사의 영역을, 즉 소유의 온 영역을 넘어설 것을 요구한다.

판단 안에서 율법을 남에게 적용하는 것은 양심, 즉 자신이 의무에 따르고 있는지 또는 따르고 있지 않은지에 대한 의식에 대응한다. "남을 판단하지 말라. 그러면 너희도 판단을 받지 않을 것이다. 남을 저울질하는 대로 너희도 저울질을 당할 것이다"라고 예수는 말한다. 따라서 율법에 명시되어 있는 개념 아래로 남을 포섭하는 것은 나약으로 불릴 수 있다. 남을 판단하는 자는 남을 제대로 견뎌 내기에 충분히 강한 게 아니라 남을 분할하기 때문이다.[60] 그리고 그는 남의 독립성을 견뎌 낼 수 없어서 남을 있는 그대로가 아니라 남이 어떠해야 한다고 생각하기 때문이다. 이러한 판단에서 그는 남을 생각 안에서 자신에게 굴복시켰다. 개념, 즉 보편성은 그의 것이기 때문이다. 그러나 그는 이렇게 판결함으로써 율법을 인정했고 자기 자신을 율법의 예속에 내맡

---

[60] (옮긴이 주) '판단'의 독일어 'Urteil'은 어원적으로 근원적인 분할을 뜻한다. 여기서 헤겔은 이와 유사한 의미로 판단을 이해했다. 판단을 존재(Sein)와 관련지어서 본다면, 판단이 가르고 나누는 활동을 의미한다면 존재는 연결과 합일을 의미한다.

겨서 자신을 위해서도 판결의 척도를 세웠다. 그리고 형제의 눈에서 티를 빼 주려고 하는 사랑이 가득 찬 심정을 품고서 그 자신이 사랑의 왕국 아래로 침몰했다.

산상수훈의 끝맺음

뒤따르는 곳(마태복음 7장 6절~29절)은 율법보다 더 높은 것을 율법에 맞서서 더 이상 대립시키는 게 아니라 생명의 아름답고 자유로운 영역 안에서 생명의 몇몇 표현들을 청원 행위나 주고받는 행위에서 이루어지는 사람들의 합일로 보여 준다. 이전의 곳에서는 여러 규정성에 대립하는 꼴로 묘사되어 있는(그 때문에 순수한 것도 자신의 양태들에서, 즉 특수한 덕들에서 화해, 혼인의 충실, 성실 등으로 나타났다) 사람의 모습을, 순전히 이러한 영역 외부에서 표현하려는 노력으로 산상수훈 전체는 끝을 맺는다. 물론 이 노력은 불완전한 우화에서만 행해질 수 있다.

세례자 요한의 방식은 예수가 최고의 것으로 간주한 사랑에서 율법과 의무가 이렇게 소멸하는 것과 대조를 이룬다. 이 방식에 대해 누가는(누가복음 3장) 몇 개의 예화를 들었다. "장차 올 진노를 피하려거든 너희 조상이 아브라함인 것은 중요치 않다"고 요한은 유태인들에게 말한다. "도끼가 이미 나무뿌리에 놓였다." 그러자 그들은 그에게 "그러면 우리는 어떻게 해야 하겠습니까?" 하고 물었다. 그는 "옷 두 벌을 가진 사람은 한 벌을 없는 사람에게 주고 먹을 것이 있는 사람도 없는 사람에게 주라"고 말했다. 그는 세리에게 "정한 대로만 받고 그 이상은 세금을 받지 말라"고 훈계했다. 또한 군인들에게는 "아무도 못살게 굴거나 아무것도 강탈하지 말고 자기가 받는 봉급으로 살라"고 그는 훈계했다.

또 요한에 대해 알려진 것은(마태복음 14장 4절) 그가 헤롯이 그의 제수와 맺은 관계를 비방한 일에 관여했다는 것이다. 이 비방으로 말미암아 그는 머리가 잘렸다. 그의 운명은 어떤 규정성[61] 덕분에 완성되었다. 그의 가르침은 위 예화에 따르자면 일정한 덕을 위한 훈계여서 위대한 정신, 모든 것을 포괄하는 덕의 혼을 그의 의식에서 보여 주지는 않는다. 그도 역시 이것을 스스로 느꼈고, 손에 키를 들고 타작마당의 곡식을 깨끗이 가릴 어떤 다른 사람의 출현을 예고했다. 그는 그의 후계자가 물에 의한 세례 대신에 불과 성령으로 세례를 베풀 것이라고 믿고 희망했다.

---

61) (옮긴이 주) 이 비방의 사건.

율법과 형벌

예수는 유태인의 실정성에 인간을 대립시켰고,[62] 율법과 율법의 의무에는 덕을 대립시켰다. 그리고 그는 이 덕에서 실정적 인간의 부도덕성을 지양했다. 실정적 인간은 그에 대해, 그리고 그 안에서 봉사인 어떤 특정한 덕에 관해서는 도덕적이지도 않고 부도덕하지도 않다. 그런데 실정적 인간은 봉사에서 어떤 의무들을 완수한다. 이 봉사는 직접적으로 이와 같은 의무들에 맞서는 악덕이 아니다. 하지만 다른 측면에서 본다면 부도덕성이 아무래도 상관없는 이러한 일정한 성격과 동시에 결부되어 있다. 실정적 인간의 특정한 실정적 봉사는 한계를 가지며 이 한계를 넘어설 수 없기 때문에 그는 이 한계 너머에서는 부도덕하다. 따라서 실정성의 이러한 부도덕성은 실정적 복종과 다른, 인간적 관계의 측면과 관계한다 - 실정적 복종의 범위 내부에서는 비도덕(nicht-moralisch)은 부도덕(un-moralisch)[63]이 아니다.[64]

---

62) (헤겔이 삭제한 문장) 실정성뿐만 아니라 악덕, 비도덕도 역시 덕에 대립하고 있다.

63) (옮긴이 주) 비도덕은 도덕적으로 중립적인 복종이다. 그러므로 덕

주체성이 실정적인 것과 대립될 때, 봉사의 중립성과 그

의 반대는 비도덕이 아니다.

64) (헤겔이 삭제한 문장) 그러나 덕의 반대가 부도덕, 악덕이다. 사변적 도학자, 도덕의 교사가 덕의 철학적 서술을 한다ㅡ그의 서술은 연역적이어야 하며 그 서술에 어떠한 모순도 있어서는 안 된다. 어떤 사태의 서술은 항상 표상된 사태다ㅡ그는 이 표상, 개념을 살아 있는 것과 대비시켜서, 살아 있는 것은 이러해야 한다고 말한다. 개념과 살아 있는 것의 양태 사이에는, 개념이 사유된 것이며 살아 있는 것은 존재하는 것이라는 모순 외에 어떤 모순도 있어서는 안 된다. 사변 안에서만 덕이 **있다**. 그리고 이 덕은 필연적이다. 즉 덕의 개념만이 있고 그 반대는 있을 수 없다. 개념으로서 덕 안에서는 아무런 변화, 획득, 발생, 소멸이 없다. 그러나 이런 개념은 살아 있는 것과 마땅히 결합해 있어야 하며ㅡ살아 있는 것의 양태로서 덕은 존재하기도 하고 존재하지 않기도 한다ㅡ발생하고 소멸할 수 있다. 그러므로 사변적 도학자는 유덕한 것과 악덕인 것에 대한 열성스러운 숙고에 어쩔 줄 모르고 빠져들 수 있다. 그러나 본래 그의 책무는 살아 있는 것과 전쟁을 일으켜 살아 있는 것에 맞서 반론을 제기하거나 아주 냉정하게 그 개념을 계산하는 것일 뿐이다. 민중의 교사, 인간을 개선하는 자는 인간 자체로 눈을 돌리기에 덕의 발생, 덕의 도야에 관해서 말할 수 없긴 하지만, 악덕을 파괴하는 자와 덕으로의 복귀에 관해서는 말할 수 있다. 악덕의 파괴는 그것이 인간에게 형벌을 끌어들인다는 것에 존립한다. 형벌은 범죄가 필연적으로 초래하는 악한 결과이지만 모든 결과가 형벌이라고 불릴 수 없다. 예를 들면, 성격이 범죄에서 또다시 한층 더 나빠지는 것은 형벌이라고 불리지 않는다. 범죄자의 성격이 더욱 악하게 되는 것이 당연했다고 말할 수는 없다.

한계는 소실된다. 인간은 자기 자신과 대면해 있고 인간의 성격과 소행은 인간 자신이 된다. 인간은 스스로 장벽을 세우는 곳에서만 장벽을 가질 뿐이다. 그리고 인간의 덕은 인간이 스스로 제한한 규정성이다. 대립을 제한하는 이러한 가능성이 자유, '덕 또는 악덕'에서의 '또는'이다. 자연에 대한 율법의 대립, 특수자에 대한 보편자의 대립에서 두 대립자가 정립되어 있고 현실적이다. 한쪽은 다른 쪽이 없이는 존재하지 않는다. 그렇지만 덕과 악덕의 대립이라는 도덕적 자유에서는 한쪽이 다른 쪽을 배척한다. 따라서 한쪽이 정립되어 있으면 다른 쪽은 가능할 뿐이다.

의무와 경향의 대립은 사랑의 양태 안에서, 덕 안에서 그것들의 합일을 발견했다. 율법은 그 내용에 따라서 사랑과 대립되어 있었던 게 아니라 그 형식에 따라서 사랑과 대립되어 있었으므로 그것은 사랑 안으로 수용될 수 있었다. 하지만 이러한 수용에서 율법은 자체의 형태를 잃었다. 이와 반대로 율법은 내용에 따라서는 범죄와 대립되어 있다. 범죄는 율법을 배척하지만 그럼에도 불구하고 율법은 존재한다. 범죄는 자연의 파괴이기 때문이다. 자연은 하나인 것이므로 파괴하는 자 안에서도 파괴되는 자 안에서와 같이 그만큼 많이 파괴된다. 하나인 것이 대립되어 있다면 대립자들의 합일은 개념 안에서만 현존한다. 그리하여 어떤 율법이 만들어졌다. 대립자가 파괴되면 개념, 율법은 남는다. 그러나 율법의 내용은 현실 속에서 폐기되어 있기 때문에 그럴 경우 율법은 모자람, 즉 결함을 표현할 뿐이다. 그리고 그때 율법은 형벌을 주는 율법이라고 불린다.

율법의 형식이 생명의 파괴를 가리키기 때문에 이 형식은 직접적으로 생명과 대립되어 있고 율법은 그 내용상으로도 생명과 대립되어 있다. 그러나 이 형식 안에 있는 율법이 형벌을 주는 정의로서 어떻게 지양될 수 있겠는가를 생각하는 것은 그만큼 어려운 것처럼 보인다. 앞에서 덕이 율법을 지양할 때에는 율법의 형식만 사라졌고 그 내용은 남았다. 그러나 여기서는 그 내용도 형식과 함께 폐기될 것이다. 율법의 내용이 형벌이기 때문이다.

형벌은 침해된 율법 안에 직접적으로 놓여 있다. 범죄자는 그의 범죄가 타인에게 침해했던 권리와 똑같은 권리를 잃게 된다.[65] 범죄자는 율법의 내용인 개념의 외부에 자신을 두었다. 물론 율법은 "범죄자는 율법에 포함된 권리를 마땅히 상실해야 한다"고만 말한다. 하지만 율법은 직접적으로 단지 사유된 것일 뿐이기 때문에 범죄자의 개념만이 권

---

65) (헤겔이 삭제한 문장) 이를테면 그는 벌을 받을 만하다. 벌이 집행된다는 필연성은 외적인 어떤 것에 있으며 범죄자에 상응한다.

리를 상실한다. 범죄자가 현실 속에서 권리를 상실하기 위해서는, 즉 범죄자의 개념이 상실했던 것을 범죄자의 현실도 상실하기 위해서는, 율법은 살아 있는 자와 연결되지 않으면 안 되고 권력으로 치장되지 않으면 안 된다. 만일 이제 율법이 자신의 두려운 권위를 고수한다면 범죄에 대한 형벌이 마땅하다는 것 - 이것은 실로 결코 취소될 수 없다.

율법은 형벌을 그만둘 수 없고 자비로울 수 없다. 만일 율법이 자비롭다면 그것은 자기 자신을 폐기할 것이기 때문이다. 범죄자는 율법을 어겼다. 그리하여 율법의 내용은 더 이상 그를 위해서 존재하지 않는다. 그는 율법의 내용을 폐기했다. 그러나 율법의 형식인 보편성은 그를 뒤쫓아 와서 더군다나 그의 범죄에 달라붙는다. 그의 소행은 보편적으로 되고 그가 폐기했던 권리도 또한 그에게 폐기되어 있다. 그러므로 율법은 지속되고 형벌의 타당성도 지속된다. 그러나 자신의 위력이 율법과 합일되었던 살아 있는 자, 개념 안에서 상실된 권리를 현실 속에서 범죄자로부터 탈취하는 집행자, 즉 법관은 추상적인 정의가 아니라 한 명의 존재자이고 정의는 그의 양태일 뿐이다.

형벌이 받을 만하다는 필연성은 확고부동하다. 그러나 정의의 수행은 필연적인 것이 아니다. 정의는 살아 있는 자의 양태로서 사라질 수 있고 어떤 다른 양태가 등장할 수 있기 때문이다. 그리하여 그것은 우연한 어떤 것이 된다. 보편적인 것, 사유된 것으로서 정의와 현실적인 것, 즉 살아 있는 자 안에서 존재하는 것으로서 정의 사이에는 모순이 있을 수 있다. 복수하는 어떤 자가 상대방을 용서하고 복수하기를 포기할 수도 있고 어떤 재판관이 재판관으로서 행동하기를 포기하고 자비를 베풀 수도 있다. 그러나 이것으로는 정의가 충족되지 않는다. 그것은 불굴의 것이기 때문이다. 그리고 율법이 최고의 것인 한, 율법으로부터 벗어날 길이 없고 개체는 보편자에게 희생될 수밖에 없다. 즉 개체는 살해되지 않을 수 없다. 따라서 많은 범죄자들 중 한 대표자를 처벌하는 데에 율법이 만족해도 좋은 것처럼 생각하는 것도 모순적이다. 다른 자들도 **그 대표자가** 벌을 받는다고 간주되는 한, 그는 그들의 보편자이자 개념이기 때문이다. 그리고 명령하고 형벌을 내리는 것으로서 율법은 자신이 특수자와 대립되어 있어야만 율법이다.

행동하는 인간 또는 행위가 특수자라는 점에서 율법은 자신의 보편성의 조건을 갖는다. 그리고 행위가 보편성이나 율법에 대한 관계에서 고찰되는 한, 즉 행위가 보편성이나 율법에 따르는 것 또는 거스르는 것으로 간주되는 한, 행위는 특수자다. 그리고 그런 한에서, 율법에 대한 행위의 관계, 행위의 규정성은 아무런 변화도 겪을 수 없다. 행위는 현실적인 것이며 현재 있는 그대로의 것(was sie sind)이다. 행해진 것은 행해지지 않는 것이 될 수 없다. 형벌은 소행에 뒤따른다. 형벌과 소행의 연관은 해체될 수 없다. 어떤 행위가 행해지지 않게 하는 길이 없고 행위의 현실이 영원하다면, 화해는 불가능하다. 형벌을 받음으로써도 화해는 불가능하다.

범죄자가 처벌됨으로써 율법은 실로 충족된다. 율법의 언명된 당위와 범죄자의 현실 사이의 모순, 범죄자가 보편성으로부터 획득하려고 했던 예외는 폐기되기 때문이다. 범죄자만 오로지 율법과 (범죄자가 보기에 그것이 낯선 존재자이든지 또는 그것이 사악한 양심으로서 범죄자 안에서 주관적으로 존재하든지 간에) 화해하지 않는 셈이다. 전자의 경우에는, 범죄자가 자기 자신에 대해 창출하고 무장했던 낯선 위력, 이 적대적 존재자가 그에게 형벌을 가했다면 그것은 그에게 작용하기를 그만둔다. 율법이 범죄자가 작용하는 것과 똑같은 방식으로 범죄자에게 반작용했다면, 율법은 작용하기를 그치지만 위협적인 자세로 되돌아간다. 그리고 율법의 형태가 사라지지 않았거나 또는 우호적으로 되지 않았다. 후자의 경우에는, 나쁜 양심, 나쁜 행위를 했다는 의식, 자기 자신이 악인이라고 느끼는 의식이 벌을 받았다고 해서 달라지지 않는다. 범죄자는 자신을 언제나 범죄자로 바라보고 하나의 현실로서의 그의 행동에 아무런 위력도 행사하지 않기 때문이다. 그리고 그의 이런 현실은 그의 율법 의식과 모순 상태에 있다.

그렇지만 인간은 이러한 불안을 감당할 수 없다. 그는 악의 끔찍스러운 현실과 율법의 불변성으로부터 은총으로만 도망칠 수 있을 뿐이다. 사악한 양심의 압력과 고통이 그를 다시 부정직으로 몰아넣을 수 있고, 그럼으로써 그로 하여금 자기 자신과 동시에 율법과 정의로부터 도망치려고 시도하게끔 몰아댈 수 있다. 그는 추상적 정의를 집행하는 자의 호의를 경험하려고 그의 품 안에 자기를 내던진다. 이로부터 그는 이 추상적 정의를 집행하는 자가 그를 관대히 봐주고 실제의 그와는 달리 자기를 봐주면 좋겠다고 희망한다. 그는 스스로 자신의 범죄를 부인하지 않긴 하지만, 호의 자체가 그의 범행을 부인해 주리라는 부정직한 소원을 품는다. 그리고 다른 어떤 존재자가 그에 대해 꾸며 낸 진실하지 못한 관념에서, 즉 생각에서 그는 위안을 발견한다. 그리하여 만약에 형벌이 절대적인 어떤 것으로만 간주되어야 한다면, 만약에 형벌이 어떠한 조건 아래에도 있지 않고 그 조건과 더불어 자기를 초월하는 더 높은 영역을 지니지 않는다면, 부정직한 구걸 외에는 형벌의 지양도, 율법의 지양도, 사악한 양심의 지양도, 순수한 길을 경유해 의식의 통일로 귀환하는 것도 없을 것이다. 율법과 형벌은 화해될 수 없지만, 운명의 화해에서는 그것들은 지양될 수 있다.

운명으로서 형벌

형벌은 침해된 율법의 작용이다. 인간은 이 율법과 인연을 끊었지만 여전히 이 율법에 의존한다. 그리고 그는 이 율법으로부터, 즉 형벌이나 그의 소행으로부터 벗어날 수 없다.66) 율법의 성격은 보편성이므로 범죄자가 율법의 실질을 파괴하긴 했지만 보편성인 그것의 형식은 남기 때문이다. 그리고 그가 그 지배권을 장악했다고 믿었던 율법은 남지만 그것은 내용상 그와 대립된 상태로 나타난다. 그것은 이전의 율법과 모순되는 소행의 형태를 갖기 때문이다. 그리하여 소행의 내용이 이제는 보편성의 형태를 갖는 율법이다. 율법이 이전에 그랬던 것의 반대가 된다는 율법의 이러

---

66) (헤겔이 삭제한 문장) 형벌과 행위와 같이 율법은 없앨 수 없는 객체인 어떤 것이다. 운명의 형식으로 표상된 형벌은 전혀 다른 종류다. 어떤 운명 아래에 사로잡혀 있는 인간은 율법과는 아무런 관계를 갖지 않는다.

한 전도(顚倒)가 형벌이다—인간은 율법으로부터 벗어났으면서도 여전히 그것에 예속된 채로 있다. 그리고 율법이 보편적인 것으로 남으므로 소행도 역시 남는다. 소행은 특수자이기 때문이다.

운명으로 표상된 형벌은 전혀 다른 종류다. 운명에서 형벌은 적대적인 위력이고 개별적인 것이다. 당위와 이 당위의 실행이 개별적인 것에서 분리되지 않는다는 의미에서도, 그것에서 보편자와 특수자는 율법의 경우와 같이 합일되어 있다. 그러나 율법은 하나의 규칙, 사유된 것일 뿐이어서 자기와 대립하는 것, 즉 현실적인 것을 필요로 한다. 그것은 이 현실적인 것으로부터 권력을 획득한다. 보편자로서 율법이 특수자로서 인간 또는 그의 경향에 대립되어 있는 방식으로 보편자도 이러한 적대적 위력에서 특수자로부터 분리되어 있지 않다. 운명은 적에 불과하다. 그래서 인간은 적에 맞서 싸우는 힘과 똑같이 운명과 맞선다. 이와 반대로 보편자로서 율법은 특수자를 지배하는 것이고 이런 인간을 자기에게 복종시켜 왔다. 그때에는 어떤 운명에 사로잡힌 것으로 간주되는 인간의 범죄는 군주에 대한 신하의 분노도, 주인으로부터 노예의 탈주도, 예속 상태로부터의 해방도 아니며 또한 어떤 죽은 상태로부터의 부활도 아니다. 인간은 살아 있고 그가 행하기 전에는 아무런 분리도, 아무런 대립자도 없고 더군다나 지배하는 것도 없기 때문이다.

율법이 규제하지도 않고 그것을 거스르지도 않는 통일된 생명으로부터 빠져나옴으로써만, 생명을 죽임으로써만 낯선 것이 만들어진다. 생명의 파괴는 그것의 비존재가 아니라 그것의 분리다. 그리고 파괴는 생명이 적으로 변형된다는 데에 존립한다. 생명은 불멸이다. 그리고 그것이 살해된다면 그것은 그 분신을 모조리 활동시키고 에우메니데스[67]를 방면하는 끔찍스러운 유령으로 나타난다. 범죄의 망상은 남의 생명을 파괴하고 그럼으로써 자기를 확대했다고 믿는다. 마치 맥베스에게 왔던 친구 뱅코가 살해된 뒤 그가 말살되지 않고서 다음 순간에 향연의 손님이 아니라 악령으로 자리를 잡았듯이, 손상된 생명의 분리된 영(靈, Geist)이 범죄에 맞서서 출현한다는 방향으로 이 망상은 해소된다.

범죄자는 남의 생명과 관계하고 있다고 여기지만 그는 그 자신의 생명을 파괴했을 뿐이다. 생명은 단일한 신성 안

---

67) (옮긴이 주) 원래 복수의 여신들인 에리니에스였지만 지혜의 여신 아테나의 중재로 에리니에스는 에우메니데스(자비의 여신들)로 이름이 바뀌었다. 로마인들은 푸리아라고 불렀다. 이 문장에서는 복수의 여신을 의미한다.

에 있으므로 생명과 생명은 상이하지 않기 때문이다.[68] 그리고 범죄자는 오만에 빠져 파괴하긴 했지만, 생명의 친밀성만을 파괴했다. 범죄자는 생명을 적으로 전도시켰다. 소행이야말로 율법을 만들어 냈고 이제 그것의 지배가 등장한다. 이 율법은 외관상으로 남의 손상된 생명과 범죄자 자신의 몰수당한 생명의 동등성이라는 개념에서 이루어지는 합일이다. 손상된 생명은 하나의 적대적인 위력으로서 범죄자와 맞서서 이제야 비로소 나타났고 그가 학대했던 것처럼 그를 학대한다. 그리하여 운명으로서 형벌은 범죄자가 스스로 저지른 소행의 동등한 반작용이며 그 자신이 무장시킨 위력의, 그가 스스로 적으로 삼았던 적의 동등한 반작용이다.

사랑에 의한 운명의 화해

운명과 화해하기 위해서는 파괴가 지양되어야 하는 것처럼 보이므로, 운명과의 화해가 형벌을 주는 율법과의 화해보다

---

[68] (옮긴이 주) 예컨대, 범죄자의 생명과 범죄자가 파괴하는 생명은 다르지 않다.

훨씬 어렵다고 생각할 수 있는 것처럼 보인다. 그러나 운명은 생명 영역의 내부에 있다는 점에서, 화해 가능성에 관한 형벌을 주는 율법보다 탁월하다. 이에 반해서 율법 아래에 떨어진 범죄와 형벌은 뛰어넘을 수 없는 대립, 절대적 현실의 영역 안에 있다. 형벌이 폐지되고 사악한 현실의 의식이 소멸될 수 있으리라는 가능성은 이 절대적 현실의 영역에서는 생각할 수 없다. 율법은 생명이 복종하는 위력이고 아무것도 넘어서지 못하는 위력이기 때문이다. 신성은 가장 높은 사상의 권력일 뿐이고 율법의 주재자에 불과하므로 그것조차도 이 위력을 넘어서지 못한다.

현실은 망각될 수 있을 뿐이다. 즉 그것은 표상된 것으로서는 어떤 다른 나약함 속에서 소실될 수 있다. 하지만 그럼으로써 현실의 존재는 지속하는 것으로 정립될 것이다. 그러나 운명으로서 형벌의 경우에는 율법은 생명보다 더 늦고 더 낮은 것이다. 율법은 생명의 결함, 즉 위력으로 나타나는 결함 있는 생명일 뿐이다. 그런데 생명은 자신의 상처를 다시 치유할 수 있고 분리된 적대적 생명을 자기 자신 안으로 되돌려서 범죄의 졸작인 율법과 형벌을 지양할 수 있다.[69]

---

[69] (헤겔이 삭제한 문장) 위반, 범죄 그리고 형벌은 결코 인과관계에 있지 않다. 원인과 결과를 규정하는 끈이 있다면 그 끈은 객체적인 어

범죄자가 자신의 생명 파괴를 느끼거나(형벌을 받거나) 또는 자기를 (사악한 양심 안에서) 파괴된 것으로 인식하는 데서부터 그의 운명의 작용은 시작된다. 그리고 파괴된 생명의 이 감정은 상실된 생명을 향한 동경이 되지 않을 수 없다. 결함이 있는 것은 그의 부분으로, 즉 그의 안에 마땅히 있어야 하는데 없는 것으로 인식된다. 이러한 결함은 비존재가 아니라 존재하지 않는 것으로 인식되고 느껴진 생명이다.

이 운명을 가능한 것으로 느끼는 것은 그것을 두려워하는 것이다. 그리고 이것은 형벌에 대한 공포와는 전혀 다른 감정이다. 전자는 분리에 대한 공포이고 자기 자신에 대한 두려움이다. 형벌에 대한 공포는 낯선 타자에 대한 공포다. 율법이 자기 자신의 율법으로 인식된다고 하더라도, 그 공포가 무가치성에 대한 공포로 표상되지 않는다면 형벌은 그것에 대한 공포 속에서 낯선 타자이기 때문이다. 그러나 형벌에서는 불행의 현실, 즉 인간의 개념이 상실되어 인간에게 합당하지 않게 된 행복의 상실도 무가치성에 부가된다.

띤 것, 즉 율법일 것이다. 이러한 경우 원인과 결과는 철저하게 분리된 것으로서 더 이상 합일될 수 없을 것이다. 이와는 반대로 운명, 즉 범죄자에게 반작용하는 율법은 폐기될 수 있다. 범죄자가 스스로 율법을 세웠기 때문이다. **범죄자가** 만들었던 분리는 합일될 수 있다. 이런 합일은 사랑 안에 있다.

그러므로 형벌은 이러한 현실의 낯선 주인을 전제한다. 그런데 형벌에 대한 공포는 이 낯선 주인에 대한 공포다ㅡ 이에 반해서 운명에서는 적대적인 위력은 적대적으로 된 생명의 위력이며, 따라서 운명에 대한 공포는 낯선 타자에 대한 공포가 아니다.

더구나 형벌은 고난, 즉 범죄자가 아무것도 공유하지 않고 공유하려고 하지 않는 주인을 향한 무기력의 감정일 뿐이기 때문에 아무것도 개선하지 않는다. 그것은 고집만을, 적에 맞서서 대항할 때의 완강함만을 야기할 수 있다. 적에 굴복당하는 것은 인간의 자포자기일 것이기 때문에 그것은 치욕일 것이다. 그러나 인간은 운명에서는 자기 자신의 생명을 인식한다. 그리고 운명에 대한 그의 탄원은 주인에 대한 탄원이 아니라 자기 자신에게 다가섬이자 귀환이다.

운명에서 인간은 상실된 것을 느낀다. 이 운명은 잃어버린 생명을 향한 동경을 야기한다. 이러한 동경은, 우리가 개선함과 개선됨에 관해 말해야 한다면, 이미 개선이라고 부를 수 있다. 그것은 생명 상실의 느낌이므로 상실된 것을 생명으로, 자기와 일찍이 친숙했던 것으로 인식하기 때문이다. 그런데 이러한 인식은 이미 그 자체로 생명의 향유다. 그리고 이 동경에 의해 움직이는 사람은 양심적일 수 있다. 즉 그는 자신의 죄의식과 다시 직관된 생명 사이의 모순에서 자신이 이 생명으로 복귀하는 것을 여전히 제지할 수 있다. 그래서 경솔하게 생명과 합일하는 게 아니라 혼의 깊은 곳에서 그것과 다시 합일해서 친구로서 다시 환영하기 위해 그는 사악한 의식과 고통의 감정을 연장하고 매 순간 그것을 자극할 수 있다.

범죄자들은 봉헌 활동이나 속죄에서 자기 자신에게 고통을 가했다. 털로 짠 외투를 걸치고 뜨거운 모래 위를 맨발로 내딛는 순례자처럼 그들은 악인이라는 의식이나 고통의 감정을 배가했다. 한편으로 그들은 자신들의 상실, 결함을 뼈저리게 느꼈다. 동시에 다른 한편으로는 그들이 이 생명을, 적대적인 것으로 직관하긴 했지만 그런 상실에서 전적으로 직관했다. 이리하여 그들은 자신들에게 생명의 재수용을 충분히 가능하게 했다. 대립은 재합일의 가능성이고, 생명이 고통 속에서 대립되어 있었던 그만큼 생명은 다시 수용될 가능성이 있기 때문이다.

적대적인 것도 역시 생명으로 느껴지기 때문에 운명의 화해 가능성은 거기에 놓여 있다. 따라서 이러한 화해는 낯선 어떤 것의 억압이나 파괴도 아니고 자기 자신에 대한 의식과 타인에서 기대된 자기에 대한 관념의 상이성 사이의 모순, 혹은 율법에 따라서 벌을 받을 만함과 율법의 실현 사이의 모순, 개념으로서 인간과 현실적 존재로서 인간 사이의 모순도 아니다. 자기 자신을 재발견하는 생명의 이 감정이 사랑이며 사랑 안에서 운명은 화해된다. 범죄자의 소행은 이런 방식으로 고찰한다면 어떠한 파편도 아니다. 생명으로부터, 전체로부터 나오는 행동은 전체를 역시 드러낸다. 그러나 율법의 위반인 범죄는 하나의 파편일 뿐이다. 이 위반에 속하지 않는 율법은 이미 이 위반 바깥에 있기 때문이다. 생명으로부터 나오는 범죄는 이 전체를 분할된 채로 드러낸다. 그리고 적대적 부분들은 제휴해 다시 전체로 될 수 있다.[70]

정의는 충족되어 있다. 범죄자는 그가 훼손한 것과 같은 생명이 자기 안에서 훼손되었다고 느꼈기 때문이다. 양심

---

[70] (헤겔이 삭제한 문장) 이리하여 운명은 형벌과 달리 낯선 것이 아니며 양심에서의 악한 행동과는 달리 고정된 현실적인 것이 아니다. 운명은 자기 자신에 대한 의식이지만, 적대적인 것으로서 자기 자신에 대한 의식이다. 전체는 자신 안에서 우호성을 회복할 수 있다. 전체는 사랑에 의해서 자신의 순수한 생명으로 복귀할 수 있다. 그래서 전체의 의식은 다시 자기 자신에 대한 믿음이 된다. 자기 자신의 직관은 다른 직관이 되고 운명은 화해되어 있다.
그러므로 죄의 용서는 직접적으로 형벌의 폐지가 아니다. 어떠한 형벌도 없앨 수 없는 실정적인 어떤 것, 현실적인 어떤 것이기 때문이다. 어떤 소행도 행해지지 못하게 될 수 없기 때문에 죄의 용서는 악한 양심의 지양이 아니라 사랑을 통해 화해된 운명이다. 운명은 자기 자신의 소행으로부터 또는 타인의 소행으로부터 생겨났다.

의 가시들은 무뎌졌다. 소행으로부터 그것의 악한 정신이 물러났기 때문이다. 인간 안에서는 적대적인 것이 더 이상 없으며 소행은 기껏해야 현실들의 납골당 안에 있는 혼이 빠진 해골처럼 기억 속에 남아 있다.

그러나 운명은 형벌보다 더 넓은 영역을 갖는다. 그것은 범죄를 수반하지 않는 과오(Schuld)[71]에 의해서도 환기된다. 그렇기 때문에 그것은 형벌보다 무한히 더 엄격하다. 그것이 순진무구의 죄인 가장 숭고한 죄의 맞은편에 한층 더 무시무시하게 등장할 때, 그것의 엄격함은 가장 처참한 불의로 넘어가는 것처럼 보인다.[72] 즉 율법들이 대립들의 사유된 합일일 뿐이기 때문에 이 개념들이 생명의 다면성을 고갈시킨다고는 도저히 말할 수 없다.

그리고 분리가 개념적으로 합일되었던 곳에서 생명이 의식에 도달하는 한에서만 형벌은 지배력을 행사한다. 그러나 해소되어 있지 않은 생명의 관계들 너머, 생동하게 통

---

71) (옮긴이 주) 독일어 Schuld는 채무, 과오, 죄책 등을 의미한다. 하지만 이 용어는 도덕적 의미가 있을 수도 없을 수도 있다. 범죄자는 자신이 저지른 범죄에 책임이 있다. 추운 날씨도 감기의 원인, 즉 Schuld다.

72) (옮긴이 주) 이를테면 소포클레스의 비극인 ≪오이디푸스 왕≫에서 오이디푸스가 멋모르고 저지른 일들이 엄청난 과오를 초래했다.

합되어 주어져 있는 생명의 측면들 너머, 덕의 한계들 너머로는 형벌은 아무런 힘도 쓰지 못한다.

    이와는 반대로 운명은 생명처럼 매수될 수 없고 한계가 없다. 운명은 주어진 사정도, 입장이나 위치의 상이성도, 덕의 범위도 알지 못한다. 생명이 훼손되어 있는 곳에서는, 비록 그런 일이 정당하게 자기만족적으로 행해지더라도, 거기에서 운명이 등장한다. 따라서 "순진무구한 사람은 결코 고난을 겪지 않았다. 어떠한 고난도 죄책(Schuld)이다"라고 사람들은 말할 수 있다. 그러나 순수한 혼이 지극히 높은 것을 보유하기 위해서 더욱더 의식적으로 생명을 훼손할수록 순수한 혼의 명예는 그만큼 더 커지고, 불순한 혼이 더욱더 의식적으로 생명을 손상할수록 범죄는 그만큼 더 사악하다.

용기와 인내에서의 운명, 아름다운 혼

운명이란 남의 소행을 통해서만 생겨난 것처럼 보인다. 그럼에도 불구하고 이 소행은 운명의 동기일 뿐이다. 그러나 운명을 야기하는 것은 이 소행을 수용하고 그것에 반응하는 방식이다. 부당한 공격을 당하는 자는 자기를 지킬 수 있다. 그리고 그는 자기 자신의 권리를 주장할 수 있거나 혹은 자기를 지킬 수 없기도 하다. 그의 반응이 인내하는 고통이든 또는 투쟁이든 간에, 그의 반응과 더불어 그의 죄책, 그의 운명이 시작된다. 어느 경우에도 그는 형벌을 받지 않지만 부당한 처사도 당하지 않는다.

그는 투쟁에서 자신의 권리를 고집하고 그 권리를 주장한다. 그는 인내할 때조차도 역시 권리를 포기하지 않는다. 그의 고통은 그가 자신의 권리를 인정하지만 현실에서 그 권리를 고수할 힘을 지니지 않는다는 모순이다. 그는 자신의 권리를 위해 싸우지 않는다. 그리고 그의 운명은 그의 의지 결핍이다. 위험에 빠져 있는 것을 위해 싸우는 자는 그가 싸워 지키려는 것을 잃지 않았다.[73] 그러나 그는 위험을 무릅씀으로써 운명에 굴복했다. 그는 힘에 대한 힘의 싸움터로 걸어 나가서 타인과 맞서는 일을 감행한다. 그러나 용기는 비록 패배하더라도 패배의 이 가능성을 미리 인식해서 의식적으로 책임을 떠맡기 때문에 그것은 고통을 겪는 인내

---

[73] (헤겔이 삭제한 문장) 그리고 그것을 이념 안에서도 단념하지 않으며 그의 고난은 정당한 운명이다. 그러나 그가 공격받을 권리를 포기한다면, 그가 모욕하는 자에게 그의 잘못을 용서해 준다면, 그는 이 고난, 이 운명을 능가할 수 있다. 권리를 위한 투쟁과 권리의 고통스럽기만 한 포기 둘 다 부자연스러운 상태라는 것은 양자에 하나의 모순이 있다는 것, 양자는 자신을 폐기한다는 것에서 밝혀진다.

보다 더 위대하다. 이와는 반대로 고통을 겪는 수동성은 자신의 결함에만 매달려 있으며 힘껏 이 결함과 맞서지 않는다. 그러나 용감한 자는 권리와 힘의 영역에 관여하기 때문에 용기의 고난도 역시 정당한 운명이다. 따라서 권리를 위한 투쟁도 권리의 개념과 그 현실 사이의 모순을 내포하는 수동적 고난과 마찬가지로 이미 부자연스러운 상태다. 모순은 권리를 위한 투쟁에도 놓여 있기 때문이다.

사유된 것이고 따라서 보편자인 권리는 공격하는 자 안에서는 사유된 다른 것이다. 따라서 여기에서는 서로를 부정하면서도 존속하는 두 보편자가 있다. 똑같이, 싸우는 자들도 현실적인 인물들, 산 자들로서 대립되어 있다. 생명은 생명과 싸우는 상태에 있지만 이것은 자기모순이다. 모욕당한 자의 자기 방어에 의해 공격하는 자도 똑같이 공격받고, 그럼으로써 자기 방어의 권리가 허용되므로 양자는 옳고 그들에게 스스로를 방어할 권리를 주는 전쟁 상태에 있다. 그리하여 양자는 어느 쪽이 옳은지에 대한 판정을 권력과 강함에 맡긴다.

권리와 현실은 서로 아무것도 공유하지 않으므로 그들은 양자를 섞어서 권리를 현실에 의존시킨다. 또는 그들이 재판관에게 복종한다. 즉 그들이 적대적인 한, 그들은 무장을 푼 채로 재판관에게 머리를 숙인다. 그들은 자신들의 현실 지배를, 힘을 포기한다. 그리하여 그들은 낯선 어떤 것인 율법을 재판관의 입으로 선고하도록 한다. 그러므로 그들은 처분에 복종한다. 그렇지만 어느 쪽도 이전에는 그 처분에 항의했다. 그들은 권리의 침해를 항변했고, 다시 말하면 타인에 의한 처분에 대항했기 때문이다.

용기와 수동성이라는 두 대립자의 진실은 혼의 아름다움 속에 합일되어서, 용기로부터는 생명이 남지만 대립이 없어지고 수동성으로부터는 권리의 상실이 남지만 고통은 사라진다. 그러므로 고난이 없는 권리의 지양,[74] 즉 권리의 상실과 투쟁을 넘어서는 자유롭고 생동하는 고양(高揚)이 출현한다. 타인이 적대적으로 다가서서 구하려는 것을 포기하고 타인이 침해하는 것을 자기 것이라고 부르기를 중단하는 사람은 상실에 대한 고통에서 벗어난다. 또한 그는 타인이나 재판관에 의해서 처분되는 상태에서도 벗어난다. 게다가 타인을 처분할 필연성에서도 벗어난다. 어떤 측면이 그에게 저촉된다면, 그 측면으로부터 그가 물러나서, 그

---

[74] (옮긴이 주) 성숙한 헤겔 철학에서 Aufhebung은 부정, 보존, 고양을 함께 의미하므로 보통 지양이라고 번역한다. 이 텍스트는 아직 그런 의미에 도달하지 않았기 때문에 앞에서는 Aufhebung을 취소, 폐기 등으로 번역했다. 그러나 때때로 문맥상 지양이라고 번역했다.

가 공격의 순간에 낯선 것으로 만들었던 어떤 사태만을 타인에게 넘겨준다.75) 그의 관계들의 이러한 포기는 자기 자신을 도외시하는 셈이지만 이 포기는 아무런 고정된 한계도 없다.76) (관계들이 생동하면 할수록 고귀한 본성의 불행은 더 크다. 관계들이 오염되어 있어서 고귀한 본성은 관계들로부터 물러나지 않으면 안 된다. 그것이 자기 자신을 더럽히지 않고서는 관계들 안에 머무를 수 없기 때문이다. 그러나 이 불행은 정당하지도 부당하지도 않다. 앞의 관계들에 대한 고귀한 본성의 경멸이 그것 자신의 의지, 그것의 자유로운 선택이기 때문에 이 불행은 그것의 운명이 될 뿐이다. 그리하여 여기서 고귀한 본성에 발생하는 모든 고통은 정당하다. 그리고 이 고통은 이제 고귀한 본성이 몸소 의식적으로 만들어 냈던 그것의 운명이며 영예는 정당하게 고통을 겪는 것이다. 고귀한 본성은 이 권리들을 아득하게 초월해 있으므로 그것은 이 권리들을 적들에게 돌리려고 했다. 더군다나 이 운명은 고귀한 본성 자체 안에 놓여 있기에 그것

---

75) (헤겔이 삭제한 문장) 자기 자신도 아니고 자신의 것인 무언가도 아니다.

76) (헤겔이 삭제한 문장) 이 포기는 무한히 공허 안으로 움츠러들 수밖에 없는 자기 죽임이다.

은 이 운명을 감당할 수 있고 이 운명과 대립할 수 있다. 고귀한 본성의 고통은 순수한 수동성, 낯선 어떤 것의 우세가 아니라 그 자신이 만든 것이기 때문이다.)

인간은 자기를 구하기 위해서 자기를 죽인다. 그의 것이 타인의 힘 안에 있음을 보지 않기 위해 그는 그것을 더 이상 그의 것이라고 부르지 않는다. 그래서 그는 자기를 유지하려고 하기 때문에 자기를 없앤다. 타인의 힘 아래에 있는 것은 더 이상 그가 아닐 것이고, 공격받아 포기될 수 없을 것은 아무것도 없기 때문이다.[77]

불행이 너무 커질 수 있어서, 그의 운명인 이러한 자기 죽임은 그가 전적으로 공허 안으로 물러나지 않으면 안 될 정도로 심하게 그를 생명 포기 쪽으로 몰아댄다. 그러나 인간은 스스로 가장 완벽한 운명을 자기와 대립시킴으로써 동시에 모든 운명을 초월했다. 생명은 그에게 불충실하게 되었지만 그는 생명에게 불충실하게 되지 않았다. 그는 생명

---

[77] (헤겔이 삭제한 문장) 투쟁과 용서 둘 다 한계를 갖고 있을지 모른다. 그리하여 예수는 양자 사이에서 동요하고 있지만 자신의 교설보다 거동에서 더 동요하고 있다. 인간이 타인의 소행에 의해 어떤 운명으로 얽혀 들어간다면, 그가 자신의 측면으로부터 적의를 전혀 발생시키지 않거나 적의를 없애고 모욕하는 자를 용서해 그와 화해할 경우에 그는 운명과 화해할 수 있다.

으로부터 도망쳤지만 이 생명을 훼손하지 않았다. 그런데 그는 생명을 곁에 있지 않은 친구로서 동경할지 모르지만 이 생명은 그를 적처럼 뒤쫓을 순 없다. 그리고 그는 어느 측면에서도 상처 입기 쉽지 않다.

민감한 식물과 같이 그는 접촉할 때마다 자기 쪽으로 몸을 움츠린다. 그리고 그는 생명을 적으로 만들기보다는, 운명을 자기와 적대하도록 자극하기보다는 차라리 생명으로부터 도망친다. 그래서 예수는 벗들에게 오욕의 세상과 결탁해 운명의 가능성에 들어서지 않도록 아버지, 어머니, 모든 것을 버리라고 요구했다. 그리고 또한 "누가 너의 속옷을 가지려고 하거든 겉옷까지 내주어라. 만일 신체의 **일부**가 너를 실족하게 한다면 그것을 **빼어 내 버려라**[78])"고 예수는 말했다.

최고의 자유는 혼의 아름다움이 지니는 소극적 속성, 즉 자기를 유지하기 위해서 모든 것을 포기할 가능성이다. 그러나 "자기 생명을 구하려는 사람은 그것을 잃을 것이다". 그리하여 최고의 죄는 최고의 무죄와 일치할 수 있고 가장 불행한 운명은 모든 운명을 초월한 상태와 일치할 수 있다.

---

78) (옮긴이 주) 욕망의 신체 기관이 신앙생활에 지장을 준다면 이 기관을 제거해도 좋다는 뜻.

그렇게 권리 관계를 초월해서 어떤 객체적인 것에도 얽매이지 않는 심정은 모욕하는 자에게 용서해 줄 것이 없다. 모욕하는 자는 그 심정에 대해 아무런 권리도 침해하지 않았고, 자신의 객체가 공격당했을 때 그 심정은 권리를 포기했기 때문이다. 그 심정은 화해를 위해 열려 있다. 그 심정은 자기 안에 어떠한 생명도 손상하지 않았으므로, 곧장 어떠한 생동하는 관계라도 다시 수용해서 우정, 사랑의 관계로 들어갈 가능성이 있기 때문이다. 그 심정의 고유한 측면에서 본다면 적대감도, 침해된 권리를 복구하려는 의식도, 침해된 권리를 복구해 달라고 타인에게 요구하는 것도, 더 낮은 한 영역, 즉 권리의 영역에서 타인이 자기보다 아래에 있었다는 고백을 그에게 요구할 자만도 그 심정에게는 없다.

잘못의 용서, 기꺼이 남과 화해할 준비가 되어 있는 마음가짐을, 예수는 아주 명확하게 자기 자신의 잘못을 용서하는 조건[79], 즉 자신의 적대적 운명을 지양하는 조건으로 삼

---

[79] (헤겔이 삭제한 문장) 후자는 전자로부터 필연적으로 귀결된다. 전자는 적대, 권리상의 대립의 지양이며, 적대와 권리상의 대립만이 운명을 야기하기 때문이다. 남을 자기와 대립시켰지만 자기와 대립했던 자에게 화해의 손을 내미는 자 안에는, 그가 야기한 권리와 적대를 스스로 지양할 수 있는 심정이 현존한다. 모욕하는 자를 향한 화해는 모욕당한 자를 향한 화해의 다른 한 측면, 즉 자기 자신이 손

는다. 양자는 혼의 동일한 성격의 상이한 적용일 뿐이다. 모욕하는 자와 화해한 상태에 있는 심정은 자신이 모욕하는 자에 맞서 획득한 권리상의 대립을 더 이상 고집하지 않는다. 그리고 그 심정은 권리를 자신의 적대적 운명으로, 타인의 악령으로 스스로 포기함으로써, 모욕하는 자와 화해했다. 그래서 그 심정은 생명의 영역에서 그와 똑같은 정도를 자기를 위해 획득했고 자기에게 적대적이었던 생명과 똑같은 정도의 생명을 친구로 만들었고 신적인 것을 자기와 화해시켰다. 그리고 그 자신의 소행에 의해서 자신에 맞서 무장된 운명은 밤의 미풍 속으로 녹아 없어졌다.

예수와 운명

개인이 당했던 모욕으로부터 발생하고 이 모욕으로부터 타인을 향해 생겨난 권리를 실현하려고 애쓰는 사사로운 증오

상한 생명의 회복이나 자기 자신의 소행이 야기한 운명의 지양의 다른 한 측면일 뿐이다. 따라서 예수는 자주 그것을 반복해서 말한다. "너희들이 사람들의 잘못을 용서한다면, 너희들의 잘못도 역시 하늘에 계신 아버지가 용서하실 것이다."

외에, 정직과 공정의 분노, 즉 합(合)의무성의 엄격한 증오도 있다. 이 증오는 합의무성의 개체가 훼손되는 것에 대해서가 아니라 합의무성의 개념들이 훼손되고 의무 명령들이 훼손되는 것에 대해 분노할 수밖에 없다. 이 정직하고 공정한 증오가 타인들을 위한 권리와 의무를 인식하고 정립하며 타인들에 관해 판단할 때 그들을 이 권리와 의무에 복종한 자로 드러냄으로써, 이 증오는 이 권리와 의무를 자기를 위해 정립한다. 그리고 이 증오는 권리와 의무를 침해하는 자들에 대한 정당한 분노 안에서 그들에게 하나의 운명을 만들어 주고 그들을 용서하지 않음으로써, 잘못에 대한 용서를 받을 가능성, 잘못 때문에 자신에게 닥칠 운명과 화해할 가능성을 자기 자신으로부터 빼앗았다. 이 증오는 자신의 현실 위로, 자신의 잘못 위로 솟구쳐 오르는 것을 자기에게 허용하지 않는 일정한 규준을 확립했기 때문이다.

다음 명령이 여기에 어울린다. "남을 판단하지 말라. 그러면 너희도 판단을 받지 않을 것이다. 남을 저울질하는 대로 너희도 저울질을 당할 것이다." 그 척도는 율법과 권리다.[80] 그렇지만 앞의 명령은 "너희들이 율법에 거역해 타인

---

80) (헤겔이 삭제한 문장) 율법과 권리에 따라 판단된다. 율법 아래로 남들이 놓이고 그럼으로써 각자 율법 아래로 역시 놓인다. 생명은

에게 눈감고 봐주는 일이 너희들에게도 역시 허용될 것이다" — 악인들의 맹약은 각 개인에게 악해도 좋다는 허가를 베푼다[81] — 라는 의미가 아니라, "의로운 행위와 사랑을 생동하는 것으로부터 나온 것으로 간주하는 대신에 그것들을 율법에 대한 의존과 복종으로 받아들이는 걸 조심하라"는 의미다. 너희들이 이 경고를 무시한다면, 너희들보다 더 강하고 너희들로서는 어찌해 볼 도리가 없으며 너희들 위에 군림하는 지배 권능을 너희들도 인정하는 셈이다. 그것은 너희들 자신이 아닌 위력이다.[82]

너희들은 너희들을 위해서나, 타인들을 위해서도 소행 앞에 낯선 것을 놓고, 너희들은 인간적 심정 전체의 한 파편을 절대적인 것으로 높인다. 그러면서 너희들은 그것에서 율법의 지배를 세워 감성 또는 개인을 예속시킨다. 그리고 이런 방식으로 너희들은 운명의 가능성을 정립하는 게 아니라 형벌의 가능성을 정립한다. 형벌은 외부로부터, 독립적

만인의 위에 있기 때문이다.

81) (헤겔이 삭제한 문장) 그것은 "너희들이 의로운 행위와 사랑으로부터 남을 면제해 준다면, 너희들도 그것으로부터 면제되리라"는 뜻일 수 있다.

82) (헤겔이 삭제한 문장) 남들처럼 너희들 자신도 그 위력에 복속하고 있으며, 사랑으로도 결코 그것을 초월할 수 없다.

인 어떤 것으로부터 나오고 운명은 너희들의 본성이 규정한다. 비록 운명이 이제는 적대적인 것으로 규정되긴 하지만, 그것은 너희들 위에 아직 있지 않고 너희들과 맞서 있을 뿐이다.

사람이 도전을 받아들여서 모욕하는 자에 맞서서 자신의 권리를 주장한다면, 그는 타인의 소행에 의해 어떤 운명에 말려 들어갈 것이다. 그러나 그가 권리를 포기하고 사랑을 고수함으로써 이 운명은 회피된다. 이 운명뿐만 아니라, 부당하게 생명을 훼손하는 그 자신의 소행으로 그가 자신을 향해 불러일으킨 운명도, 사랑을 더 강화함으로써 다시 잠재울 수 있다. 율법의 형벌은 단지 정의로울 뿐이다.

범죄와 형벌의 연관, 공통적인 성격은 생명이 아니라 동등성일 뿐이다. 자신이 가했던 타격과 동등한 타격을 범죄자는 다시 경험한다. 폭군에게는 고문 집행인이, 살인자에게는 사형 집행인이 다시 맞서 있다. 폭군과 살인자가 한 일과 동일한 일을 하는 고문 집행인과 사형 집행인은 형평에 맞는 행위를 하기 때문에 정의롭다고 일컫는다. 그들은 보복하는 자로서 그런 일을 고의적으로 할 수 있거나 맹목적인 도구로서 할 수 있다. 그렇지만 그들의 영혼은 고려되지 않고 그들의 소행만 고려된다. 그러므로 정의의 경우에는 화해나 생명으로의 귀환이 문제가 될 수 없다.

범죄자는 율법 앞에서는 범죄자 외에 아무것도 아니다. 그러나 율법이 인간적 본성의 한 파편이듯이 범죄자도 마찬가지다. 율법이 전체적인 것, 절대적인 것이라면, 범죄자도 범죄자 외에 아무것도 아니다. 운명의 적대에서도 정의의 형벌은 감지된다. 그러나 인간을 넘어선 낯선 율법이 아니라 인간으로부터 비로소 운명의 법과 율법이 발생하므로, 이 형벌은 근원적 상태로, 전체성으로 복귀가 가능하다. 죄인은 실존하는 죄, 인격성을 갖춘 범죄 이상의 것이기 때문이다. 죄인은 인간이고 범죄와 운명은 그 안에 있다. 그는 다시 자기 자신에게 돌아갈 수 있다. 그리고 그가 되돌아간다면 범죄와 운명은 그의 아래에 있다. 현실의 요소들은 해체되었고, 정신과 육체는 분리되었다. 소행은 여전히 존속하긴 하지만 지나간 것으로, 한 파편으로, 죽은 잔해로 존속한다. 악한 양심이었던 소행의 그런 부분은 사라졌다. 그리고 소행의 상기는 더 이상 양심의 자기 직관이 아니다. 생명은 사랑 속에서 생명을 재발견했다. 죄와 형벌 사이에 낯선 것이 끼어들지 않는 것처럼 죄와 죄의 용서 사이에도 낯선 것이 끼어들지 않는다. 생명은 자기 자신과 분열되어 다시 합일되었다.

죄의 용서

예수도 또한 죄와 죄의 용서 사이의 연관, 신으로부터의 이반과 신과의 화해 사이의 연관을 본성의 외부에서 발견하지 않았다는 것이 뒤에 가서야 충분히 밝혀질 수 있다. 예수가 사랑과 생명의 충만 속에서 화해를 두고 기회가 있을 때마다 형식을 거의 바꾸지 않고 자신의 뜻을 표명했다는 것이 여기서는 언제나 충분히 인용될 수 있다.

예수는 자신이 신앙을 발견한 곳에서 대담하게 선언했다. "너의 죄는 용서받았다." 이러한 선언은 벌의 객관적인 면제나 여전히 존립하는 운명의 파괴가 아니라 확신이다. 이 확신은 그를 만진 아낙네의 신앙에서 자기 자신을 발견했고 그와 동등한 심정을 인식했으며[83] 그녀의 심정이 율법과 운명을 뛰어넘어 고양됨을 읽었고 이 심정에게 죄의 용서를 알렸다. 한 인간에 대한 완전한 신뢰와 헌신, 자기를 위해 아무것도 붙들어 두지 않는 사랑을 지닌 순수하거나 순화된 영혼만이 순결한 사랑의 품에 자신을 던질 수 있다.

그리고 예수에 대한 믿음은 그의 참모습을 알고 자기 자

---

[83] (헤겔이 삭제한 문장) 따라서 그를 믿는다. 심정의 동등만이 상호 신뢰를 발견할 수 있다.

신의 현존이 힘과 강함에서 그보다 열등하다고 느껴서 그의 종이 된다는 것 이상을 의미한다. 믿음은 정신을 통한 정신의 인식이다. 동등한 정신들만이 서로 인식하고 이해할 수 있다. 동등하지 않은 정신들은 자신들이 타자가 아님을 인식할 뿐이다. 정신력 차이, 힘의 정도 차이는 부등성이 아니다. 그러나 약자는 더 높은 자에게 어린애처럼 매달리거나 그에게로 끌어올려질 수 있다. 그가 어떤 다른 정신에서 아름다움을 사랑하고 그것이 그 안에 있긴 하지만 발전되어 있지 않은 한, 즉 그가 세계에 맞서 행동하고 활동할 때 아직 균형과 안정을 찾지 못해서 그가 사물과 맺는 관계를 확고하게 아직 의식하지 못하는 한, 그는 단지 믿고 있을 뿐이다.

그래서 예수는 요한복음 12장 36절에서 "너희들이 빛을 스스로 가질 때까지 빛을 믿고 그래서 빛의 자녀가 되어라"[84]고 말한다. 이와는 반대로 요한복음 2장 25절에서는

---

84) (옮긴이 주) 이 텍스트에서 헤겔은 신약성서를 희랍어 원문으로부터 바로 번역해서 인용했다. 그래서 헤겔의 번역이 성서의 다른 번역본과 좀 다르다. 요한복음 12장 36절은 한글판 신약성서에는 "빛이 있는 동안에 빛을 믿고 빛의 자녀가 되어라"(≪공동번역 신약성서≫, 1977)로 번역되어 있다. 그리고 영어판 신약성서에도 역시 "While you have the light, believe in the light, that you may

"예수는 자기를 믿었던 유태인들에게 마음을 주지 않았다. 그는 그들을 잘 알고 있었고 그들의 증언을 필요로 하지 않았으며 그들 안에서 처음으로 자신을 인식하지 않았기 때문이다"라고 말한다.

생명의 충만, 사랑의 풍요로움에 관해 결단을 내리는 확신, 대담함은 인간 본성 전체를 자기 안에 품고 있는 사람의 감정 속에 놓여 있다. 그러한 심정은 높이 찬양받는 심원한 세태인정의 지식(Menschenkennerei)[85]을 필요로 하지 않는다. 그 본성이 심한 다양성, 즉 통일성이 결여된 상이한 색조의 많은 일면성을 자신 안에 품고 있는 지리멸렬한 무리에게는 그런 지식은 물론 큰 범위와 큰 유효성을 지닌 학식이다. 그러나 그들이 추구하는 정신은 그들에게서 언제나 살그머니 빠져나와서 제한된 자잘한 사항들만이 그들에게 안길 뿐이다― 완전한 본성은 순간적으로 다른 본성을 꿰뚫어 보았고 이 본성의 조화 또는 부조화를 감지했다. 그

---

become sons of light."(≪Greek-English New Testament≫, 1990)로 번역되어 있다. 아마도 헤겔은 자신의 사상에 맞게끔 이 구절을 번역한 것 같다.

[85] (옮긴이 주) ≪철학 강요≫ 3판의 371절에서 세태인정의 지식은 "다른 사람들의 **특수성**, 열정, 약점, 인간적 심정의 어두운 구석을 탐구하려고 노력한다"고 서술되어 있다.

러므로 예수의 단호하고 확신에 찬 선언은 다음과 같다. "너의 죄는 용서받았다."86)

유태인의 정신에서는 충동과 행동, 욕망과 소행 사이에, 범죄와 생명, 범죄와 용서 사이에 뛰어넘을 수 없는 균열, 즉 낯선 법정이 물론 서 있다. 그리고 유태인들이 인간 속에 있는 죄와 화해를 잇는 사랑의 유대로 나아갈 것을 지시받았을 때, 사랑이 메마른 그들의 기질은 분격하지 않을 수 없었다. 그런데 유태인의 증오가 판단의 형식을 띠었을 때 그러한 사상은 유태인에게는 미치광이의 사상일 수밖에 없었다. 그들은 사람들 사이의 모든 조화, 모든 사랑, 정신과 생명을 낯선 객체에게 맡겼고 인간들이 합일되어 있는 수호신을 모조리 포기했으며 낯선 타자의 손아귀에 자연을 쥐여 주었기 때문이다. 그들을 한데 모으는 것은 족쇄, 강자에 의

---

86) (헤겔이 삭제한 문장) 아름다운 혼의 감정과 다른 혼에 의해서 아름다운 혼을 인식하는 일로부터 유태인의 정신으로 방향을 돌리고 어떻게 유태인의 정신이 죄의 통고된 용서를 받아들여야 했던가를 살펴보는 것은 하나의 비극적 대조. 그러나 이 비교로부터 예수와 유태인의 정신도, 예수가 죄의 용서라는 형식으로 자신의 뜻을 표현한 이유도 그만큼 더 명백히 밝혀진다. 유태인들에게는 죄의 용서라는 그러한 통고가 가장 불가해한 것일 수밖에 없었다. 유태인들이 그 통고를 증오 없이 고찰할 수 있다면, 그들에게는 그 통고는 미치광이의 행동일 수밖에 없다.

해 주어진 율법이었다.

주인에 대한 불복종의 의식은 형벌의 감수 또는 죄책의 지불에서 직접적으로 자신의 만족을 발견했다 - 그들은 나쁜 양심을 형벌에 대한 공포로 알았을 뿐이다. 자기 자신에 맞서는 자신의 의식으로서 나쁜 양심은 이상에 걸맞지 않은 현실과 맞서는 이상을 언제나 전제하기 때문이다. 그런데 이상은 인간 속에 있으며 그 자신의 온 본성에 대한 의식이다. 그러나 그들의 본성을 들여다볼 때 그들의 빈약한 본성에는 아무것도 남아 있지 않다. 그들은 모든 고귀함, 모든 아름다움을 기증했다. 그들은 본성이 빈곤했으므로 무한히 풍요로운 자를 섬기지 않으면 안 되었다. 그런데 나쁜 양심을 지닌 그들은 무한히 풍요로운 자로부터 자신들을 위해 훔쳐 가진 것(이것에 의해서 그들이 자아의 감정을 훔쳐 냈다)에 의해 현실을 다시 더욱 빈약하게 만들었던 게 아니라 더욱 풍요롭게 만들었다.

그러나 그들은 절도당한 주(主)를 그때에 두려워하지 않으면 안 되었다. 주는 그들로 하여금 도둑질한 것을 되갚도록 해서 희생을 치르도록 하고 그들을 빈곤의 감정으로 도로 던져 버릴 테니까 말이다. 전능한 채권자의 변제를 통해서만 그들은 채무로부터 벗어났다. 그리고 그들이 지불했다면 그들은 어차피 아무것도 다시 소유하지 않았다[87] - 죄를 자각한 더 선량한 혼은 제물로써 어떤 호의도 매수하지 않으려 하고 도둑질을 앙갚음하려고 하지 않는다. 오히려 자기 자신 안에서 의식할 수 없는 것을 얻기 위해서, 즉 열망된 아름다운 직관에서 자신의 생명을 강화하고 자유로운 기쁨과 즐거움을 누리기 위해서, 기꺼이 궁핍에 빠져들어 성심껏 보시하고 의무와 봉사의 감정에 젖지 않은 채 열렬한 기도 가운데서 이 영혼은 혼을 지닌 순수한 한 사람에게 다가서려 한다. 그러나 유태인은 자신의 죄책을 지불할 때 그가 벗어나려 했던 임무를 다시 수용했을 뿐이다. 그리고 시도가 빗나갔으며 자신이 예종적인 속박을 다시 승인했다고 느끼면서 그는 제단으로부터 떠났다. 사랑에서 화해는 복종 아래로의 유태적인 귀환이 아니라 해방이다. 그것은 지배의 재승인이 아니라 생동하는 유대의, 사랑 정신의, 상호 신뢰의 복구에서, 지배가 고려된다면 최고의 자유인 정

---

87) (헤겔이 삭제한 문장) 그들이 주(主)에 대해서만 책임을 지고 주에게만 속죄할 수 있었다면, 어떻게 한 인간이 죄의 용서를 통고할 수 있는지, 어떻게 그가 용서의 확실성을 사랑에서 발견할 수 있는지, 어떻게 율법과 지배를 초월해 있을 정신이 인간들 사이에 머물 수 있는지, 어떻게 그 앞에서는 모든 족쇄가 풀리고 그 안에서 최고의 자유가 있는 생동하는 유대가 존재하는지, 어떻게 상호적인 신뢰 안에서 모든 지배가 사라지고 주와 율법이 범죄와 함께 비로소 나타나는지가 유태인들에게는 불가해했음이 틀림없다.

신의 복구에서 그것을 지양하는 것이다. 사랑에서 이루어지는 화해는 유태인들의 정신과 반대되는 것으로서 그들이 가장 이해할 수 없는 상태다.

베드로가 예수를 신적인 본성으로 인식했고, 그리하여 그가 한 사람을 신의 아들로 파악할 수 있었음으로써 사람의 깊이 전체에 대한 감정을 증명한 뒤에야, 예수는 그에게 천국의 열쇠라는 권력을 넘겨주었다. "**그가** 매는 것은 하늘에서도 매여 있고, 그가 푸는 것은 하늘에서도 풀려 있을 것이다." 베드로는 일단 신의 의식을 가졌으므로 누구에게서라도 그의 본질의 신성 또는 불신성을 인식하고 또는 그것을 제3자 안에서 신성 또는 불신성의 감정으로, 신앙 또는 불신앙의 강함으로 인식할 수 있었던 것이 틀림없다. 그리고 이 신앙 또는 불신앙이야말로 그를 모든 지속적인 운명으로부터 해방하거나 해방하지 않고 부동의 영원한 지배와 율법 위로 그를 높이거나 높이지 않을 것이다. 베드로는 사람들의 심정을 헤아려 그들의 소행이 지나갔는지 또는 그들의 소행, 이 소행의 정신, 즉 죄책과 운명이 여전히 존속하는지를 분명히 알았다. 그는 분명히 맬 수 있었다. 즉 무엇이 범죄의 현실 아래에 여전히 서 있는지를 분명히 선언할 수 있었다. 그리고 그는 분명히 풀 수 있었다. 무엇이 범죄의 현실을 초월했는지를 분명히 선언할 수 있었다.

예수의 이야기에 거듭 등장하는 한 여인의 아름다운 예가 있다. 그 여인은 그 유명한 아름다운 죄인, 마리아 막달레나다. 시간, 장소 그리고 상이한 사정들에서 어긋나고 상이한 사건을 지시하는 이야기들[88]이 여기서는 동일한 이야기의 상이한 꼴로만 다루어진다면, 실제 사실에 관해서 언급되는 것은 아무것도 없고 우리의 견해가 변경되는 것도 없으므로 그 점을 오해하지 않았으면 좋겠다.

죄를 자각하고 있는 마리아는 예수가 바리새인의 집에서, 올바르고 정직한 사람들[신사들](honnêtes gens), 아름다운 혼의 잘못에 대해 가장 가혹한 사람들의 거창한 모임에서 식사하고 있다는 소식을 듣는다. 그녀의 심정은 그녀로 하여금 이 모임을 뚫고 그 쪽으로 다가가도록 몰아댄다. 그녀는 예수의 발치까지 기어와서 울며 눈물로 그의 발을 적신다. 그리고 자신의 머리카락으로 그의 발을 닦고 나서 발에 입 맞추며 향유를, 순수하고 값비싼 감송 향유를 붓는다. 수줍음을 타고 자기 자신에 만족하는 젊은 여인의 긍지는 사랑의 욕구를 공개적으로 드러낼 수 없다.

이 긍지는 혼을 토로할 때 (그녀의 죄는 법이 정한 것을

---

[88] (옮긴이 주) 누가복음 7장, 마태복음 26장.

어겼다는 것이다) 바리새인과 사도들, 즉 올바른 사람들의 율법에 사로잡힌 시선에 더욱이 반항할 수도 없다. 그러나 깊이 상처를 입어 거의 절망에 빠진 혼은 자기와 자신의 수줍음을 이기고 소리 지르지 않을 수 없다. 그리고 올바름에 대한 그녀 자신의 감정을 무릅쓰고 이 혼은 그득한 사랑을 주고 향유해서 이 열렬한 향유 속으로 그녀의 의식을 잠기게 한다 - 정직하고 성실한 시몬은 이 흐르는 눈물, 모든 죄를 지우는 생동하는 입맞춤, 혼의 분출로부터 화해를 들이마시는 사랑의 이 축복을 목격하고서 예수가 그런 여인과 사귄다는 게 어울리지 않는 일이라고 느낀다. 그는 이 느낌을 너무 심하게 전제하기 때문에, 이 느낌을 말로 하거나 행동으로 옮기지 않지만 "예수가 예언자라면 이 여인이 죄인이라는 것을 알 텐데"라는 결론을 곧장 끌어낼 수 있다.

"그녀가 이토록 극진히 사랑했으니 그만큼 많은 죄를 용서받았다. 그러나 적게 용서받은 사람은 그만큼 적게 사랑했다"고 예수는 말한다 - 시몬의 경우에는 그의 판단력만이 나타났다. 예수의 벗들에게는 "향유를 팔면 **3천** 그로셴(Groschen)을 받아서 가난한 사람들에게 줄 수 있을 텐데"라는 훨씬 더 고상한 관심, 즉 도덕적 관심이 일어난다. 가난한 사람들에게 자선을 베풀자는 그들의 도덕적 경향, 잘

계산하는 영리함, 지성과 결합되어 있는 주의 깊은 덕은 잔인한 태도일 뿐이다. 그들은 아름다운 상황을 이해하지 않았을 뿐만 아니라 사랑하는 심정의 성스러운 토로조차도 모욕했기 때문이다. "그 여인은 나에게 **아름다운** 일을 했는데, 왜 너희들은 그녀를 괴롭히느냐?"고 예수는 말한다. 그리고 그것은 예수의 이야기 가운데 '아름다운 일'이라는 이름을 지니는 유일한 것이다.

사랑이 충만한 여인만이 무척 진솔하게, 소행 또는 가르침으로 어떠한 교훈을 줄 의도도 전혀 없이 자신의 뜻을 드러낸다. 예수는 허영심을 위해서도 아니고 사도들을 본래의 입장으로 세우기 위해서도 아니라, 그 상황에 안정을 주기 위해서 그들의 마음을 그들이 수용할 수 있는 한 측면으로 돌리지 않으면 안 된다. 그러나 그는 그들에게 그 측면으로써 상황의 아름다움을 설명하려고 하지 않는다. 그는 자신의 인격에 대한 일종의 존경을 그 행동으로부터 도출한다. 조야한 혼이 아름다운 심정을 모독하는 일만은 이 혼에 맞서서 막는 데에 세상 사람들은 만족하지 않으면 안 된다. 조잡한 인간의 무리에게는 그 숨결이 느껴질 수 없었던 정신의 묘한 향기를 그들에게 설명하려는 것은 쓸데없다. 그는 말한다. "그녀의 많은 죄는 용서받았다. 그녀는 그만큼 많이 사랑했기 때문이다. 평안히 가거라. 너의 믿음이 너를 구원했다."

마리아가 유태인의 삶의 운명에 순응해 그녀가 살던 시대의 자동인형으로서 법을 지키고 평범하게 죄와 사랑도 없이 한평생을 살아가는 게 더 나았을 것이라고 세상 사람들은 말하려고 하는가? 그녀의 민족이 살던 시대는 아름다운 심정이 죄 없이는 살 수 없었던 시대였지만, 어떤 다른 시대와도 같이 이 시대도 사랑에 의해서 가장 아름다운 의식으로 되돌아갈 수 있는 시대였기 때문이다.

사랑에 의한 덕들의 화해

그러나 사랑은 범죄자를 운명과 화해시킬 뿐만 아니라 또한[89] 인간을 덕과 화해시킨다. 즉 사랑이 덕의 유일한 원리가 아니라면, 어떠한 덕도 동시에 악덕이다. 예수는 낯선 주(主)의 율법에 대한 완전한 예종에, 자기 자신의 법칙에 대한 부분적 예종, 칸트적인 덕의 자기 강제를 대립시켰던 게 아니라[90] 지배도 굴종도 없는 덕들, 사랑의 양태들을 대립

---

89) (헤겔이 삭제한 문장) 만약 그렇게 표현되는 게 허용된다면.
90) (헤겔이 삭제한 문장) 유덕한 심성 – 심성이라는 표현은 활동성, 행

시켰다.

그리고 만약 덕들이 **하나의** 생동하는 정신의 양태들로 간주되어야 하는 게 아니라 각각의 덕이 하나의 절대적인 덕이라면, 다수의 절대적인 덕들에 의한 해소할 수 없는 충돌이 발생할 것이다. 그런데 한 정신에서 이루어지는 앞의 합일이 없다면 각각의 덕은 결함 있는 어떤 것을 갖는다. 그것은 그 명칭에 따라서 이미 개별적 덕, 따라서 하나의 제한된 덕이기 때문이다. 덕을 가능하게 하는 상황, 어떤 행동의 조건, 객체들은 우연한 어떤 것이다. 게다가 자신의 객체에 대한 덕의 관계는 개별적 관계다. 그것은 그 객체에 대한 다른 관계들은 물론 다른 객체들에 대한 동일한 덕의 관계도 배척한다. 그래서 각각의 덕은 자신이 뛰어넘을 수 없는 한계를 자신의 활동에서는 물론 자신의 개념에서도 갖는다. 이런 특정한 덕을 지닌 인간이 자신의 덕의 한계 저편으로 행동한다면, 그가 자신의 덕에 충실해서만 그와 같이 유덕한 인간으로 머무르기 때문에 그는 악덕하게 행동할 수 있을 뿐이다. 그러나 최초의 덕의 한계 저편에서 자신의 영역을 갖는 다른 덕도 그 안에 거주한다면, 그 자체로만 일반적으로 고찰된, 즉 여기서 정립된 덕들로부터 추상화된 유덕

동하는 덕을 동시에 함께 지시하지 않는다는 불편함이 있다.

한 심성은 (유덕한 심성은 오직 **하나**이기 때문에) 알력에 빠지지 않을 것이라고 우리는 말할 수 있긴 하다. 하지만 그럼으로써 전제가 폐기된다.

그리고 두 덕이 정립되면, 그 하나의 덕의 실행은 똑같이 절대적인 다른 덕의 실행 가능성을 다른 덕의 소재와 함께 폐기한다. 그리고 다른 덕의 근거 있는 요구가 격퇴된다. 한쪽의 관계를 위해서 포기되었던 권리는 더 이상 다른 쪽의 관계를 위한 권리가 될 수 없다. 혹은 그것이 다른 쪽의 관계를 위해서 뒤로 돌려진다면, 처음의 관계는 굶어 죽을 수밖에 없다.

인간적 관계의 다양성이 증대하자마자 덕의 양이 증대하며, 따라서 필연적 충돌의 양과 덕을 실현하는 불가능성도 증대한다. 덕이 많은 사람이 그가 다 만족시킬 수 없는 다수의 채권자들 사이에서 서열을 정하려고 한다면, 그는 그가 상위에 있다고 칭하는 다른 채권자에 대해서만큼은 그가 맨 끝에 놓는 채권자에 대해 채무가 없다고 스스로 언명할 것이다. 따라서 덕은 절대적 의무임을 그칠 수 있고 악덕이 될 수조차 있다.

인간적 관계들의 이러한 다면성과 이러한 다수의 덕들에서는 덕의 절망과 덕 자체의 범죄 외에 아무것도 남지 않는다. 어떠한 덕도 자신의 제한된 형식 안에서 확고하고 절대적으로 존립하는 것을 요구하지 않을 때만, 덕만이 들어갈 수 있는 상황에조차 들어가야 하는 것을 그것이 단념할 때만, 단 **하나의** 생동하는 정신만이 주어진 상황의 전체에 따라서, 허나 외적 제한이 없는 상태에서, 동시에 이 상황의 다양성에 의해 나누어짐이 없이 움직이고 자기 자신을 제한할 때만, 상황의 다면성은 남을 테지만 다수의 절대적이고 조화를 이루지 않는 덕들은 사라진다.

하나의 똑같은 원칙이 모든 덕의 근저에 놓여 있다는 것은 여기서 문제가 될 수 없다. 이 원칙은 상이한 상황 아래에서도 언제나 동일하며 상이한 양태를 띠고 하나의 특수한 덕으로 나타난다. 그러한 원리가 하나의 보편자, 따라서 하나의 개념이고, 바로 그로 인해서 일정한 적용, 일정한 덕, 일정한 의무가 일정한 상황에서 **필연적으로** 등장하기 때문이다(주어진 현실로서 다양한 상황, 만인을 위한 규칙으로서의 원리, 따라서 현실에 대한 원리의 적용들, 다양한 덕들은 변화하지 않는다). 덕들은 이와 같이 절대적으로 존립하면서 서로를 파괴한다. 규칙에 의한 덕들의 통일은 사유된 것일 뿐이며 그러한 통일은 다양성을 지양하거나 통합하는 게 아니라 그 철저한 강함 속에서 존속시키기 때문에 이 통일은 겉보기일 뿐이다.

덕들의 생동하는 유대, 생동하는 통일은 개념의 통일과

전혀 다른 통일이다. 그것은 일정한 상황을 위해서 일정한 덕을 세우는 게 아니라, 관계들의 가장 다채로운 혼합 안에서도 분열되지 않고 단순하게 나타난다. 그것의 외적인 형태는 무한한 방식으로 변경될 수 있다. 그것은 두 번 다시 동일한 형태를 가지지 않을 것이고 그것의 발현은 결코 규칙을 산출할 수 없을 것이다. 그것은 결코 특수자에 맞서는 보편자의 형식을 갖지 않을 것이기 때문이다. 덕이 율법을 향한 복종의 보충이듯이 사랑은 덕의 보충이다. 덕의 모든 일면성, 모든 배척, 모든 한계는 사랑이 지양한다. 사랑이 본질 자체의 살아 있는 관계이기 때문에 더 이상 유덕한 죄 또는 유죄의 덕은 없다.

사랑 안에서는 모든 분리, 모든 제한된 관계가 사라지고, 따라서 덕들의 제한도 끝난다. 포기될 권리가 더 이상 없다면, 덕을 위한 여지가 어디에 남아 있겠는가? 사랑이 벗들의 혼이 되어야 한다고 예수는 요구한다. "너희에게 새 계명을 주겠다. 서로 사랑하라. 너희가 서로 사랑하면 세상 사람들이 그것을 보고 너희가 내 벗이라는 것을 알게 될 것이다."

사랑[91]

안면도 없고 아무런 교제도 없으며 아무것도 모르는 사람들, 그런 모든 사람들로 뻗어 나가야 하는 인류애, 이 보편적 인류애는 시대들의 공허하지만 특징적인 발명이다. 이 시대들의 현실이 너무 빈약하므로, 그것들은 그런 사유된 대상들에서 아주 현란하게 나타나기 위해서, 하나의 가공물(架空物)[92] 쪽으로 덕들, 이상적 요구들을 설정하지 않을 수 없다. 이웃 사랑이란 누구나 그러하듯이 우리가 교제를 하는 사람들에 대한 사랑이다. 사유된 것은 사랑받는 것일 수 없다. 물론 사랑은 명령될 수 없으며, 정념적이며 하나의 경향이다. 그러나 사랑의 본질이 사랑에게 낯선 것에 대한 지배가 아니기 때문에, 사랑으로부터 그 위대함은 아

---

91) (헤겔이 삭제한 문장) 그는 중요성이나 순위라는 점에서 이웃 사랑을 신을 사랑하라는 명령과 나란히 놓는다. 이웃 사랑은 모든 사람에 대한 사랑을 의미하지 않는다. 이웃 사랑이 의무로 된다면, 이웃사랑은 물론 아마… (칸트, ≪덕론의 형이상학적 기초≫, 1797, 39쪽) (옮긴이 주) 칸트는 ≪도덕형이상학≫을 ≪법론의 형이상학적 기초≫와 ≪덕론의 형이상학적 기초≫ 두 권으로 출간했다.

92) (옮긴이 주) 가공물(Gedankending)은 현실적으로나 실재적으로 존재하는 것이 아니라 사유 안에서 구성된 존재(ens rationis)다.

무엇도 탈취되지 않고 사랑이 조금이라도 평가 절하되지 않는다.[93]

그러나 그렇기 때문에 사랑은 의무와 권리 아래에 있지 않다. 그래서 오히려 사랑이 아무것도 지배하지 않으며 타자에 맞서는 적대적 위력이 없다는 것이 사랑의 승리다. 사랑이 이겼다는 것은 의무가 이겼다는 것과는 달리 사랑이 적을 굴복시켰다는 게 아니라 적대감을 극복했다는 것이다. 만약 사랑이 명령된다면, 살아 있는 것이고 정신인 사랑이 이름으로 불린다는 것은 사랑에게는 일종의 불명예다. 사랑에 관해 반성하기 위해서 우리가 사랑의 이름을 부르는 것과 이 이름을 말로 표현하는 것은 정신도 아니고 사랑의 본질도 아니며 사랑의 본질에 대립되는 것이다. 그런데 사랑은 단지 이름으로만, 말로만 명령될 수 있다. "사랑할지어다"라고 말할 수 있을 뿐이다.

사랑 자체는 당위를 언명할 수 없다. 사랑은 특수성에 대립되는 보편자가 아니다. 또한 사랑은 개념의 통일이 아니

---

[93] (헤겔이 삭제한 문장) 의지의 내부에 놓여 있는 것만이 명령될 수 있다. 그리고 이러한 의지가 의존할 수 있는 어떤 것에 의해 그것이 명령될 수 있다. 이성과 의무는 대립과 자유를 전제하기 때문이다. 자유의지만 명령될 수 있다. 당위는 현실에 대한 사상의 대립을 표현한다. 그러므로 사랑은 이런 의미에서 확실히 명령될 수 없다.

라 정신의 일체성, 신성이다. 신을 사랑하는 것은 삶의 모든 것에 걸쳐서 제한 없이 무한자에서 자기를 느끼는 것이다. 조화의 이러한 감정에는 물론 보편성은 없다. 조화에서는 특수자가 불협화음을 일으키는 게 아니라 화음을 내기 때문이다. 그렇지 않다면 조화는 없을 것이다. 그리고 자기 자신을 사랑한다는 말은 의미가 없기 때문에 "네 이웃을 너 자신과 같이 사랑하라"는 "네 이웃을 너 자신을 사랑하는 만큼 사랑하라"는 의미가 아니라, "네 이웃을 너 자신과 같은 사람으로서 사랑하라"는 의미다. 그리고 그 말은 동등한 생명의 감정을 의미하지 더 강하거나 약한 생명의 감정을 의미하지 않는다.

사랑은 객체적인 것의 온 영역을 뒤집어엎기 때문에 그것은 비로소 객체적인 것의 위력을 무너뜨린다. 덕들은 자신들의 한계를 통해 자신들 외부에 변함없이 객체적인 것을 놓는다. 그리고 덕의 수다성(數多性)은 객체적인 것의 그만큼 더 크고 극복할 수 없는 다양성을 정립한다. 사랑만이 한계를 갖지 않는다. 사랑이 합일시키지 않았던 것은 사랑에게 객체적이지 않다. 사랑은 그것을 간과했거나 아직 발전시키지 않았다. 그것은 사랑과 대립하지 않는다.[94]

---

94) (헤겔이 삭제한 문장) 예수는 유태인의 냉혹성에 정면으로 사랑을

만찬

예수가 벗들에게 고했던 작별은 사랑의 향연이었다. 사랑은 아직 종교가 아니다. 따라서 이러한 향연도 역시 본래의 종교적 행위가 아니다. 상상력에 의해 사랑에서 객체화된 합일만이 종교적 경배의 대상일 수 있기 때문이다. 그러나 사랑의 향연이 베풀어질 때, 사랑 자체는 살아 있고 드러나게 된다. 그리고 그때 모든 행위는 사랑의 표현일 뿐이다. 사랑 자체는 느낌으로만 현존하지 영상으로 동시에 현존하지 않는다.

감정과 그것의 표상은 상상력에 의해서는 합일되어 있지 않다. 그렇지만 사랑의 향연이 베풀어질 때, 감각과 결부

대립시킬 수는 없었다. 소극적인 어떤 것으로서 냉혹성은 어떤 형식을 띠고 필연적으로 나타나지 않을 수 없기 때문이다. 그리고 이 형식, 냉혹성의 적극적인 것이 율법과 권리다. 냉혹성은 또한 이 합법적 형식을 갖고 늘 등장한다. 마리아 막달레나의 이야기에서는 시몬의 입을 빌려 "이 사람이 예언자라면 이 여자가 죄인이라는 걸 알 텐데!"라는 말이 나온다. 그래서 바리새인은 예수가 세리나 죄인과 어울리는 것을 부적절하다고 여겼다.

되어 있지만 **하나의** 영상으로 합일되어 있지 않은 객체적인 것도 나타난다. 그러므로 이 식사는 우정의 공동 식사와 종교적 행위 사이를 동요하고 있다. 그리고 이 동요는 이 식사의 정신을 명백하게 나타내는 것을 곤란하게 만든다. 예수는 빵을 조각내면서 말했다. "가져가서 먹어라. 이것은 너희들에게 바치는 내 살이다. 나의 추억을 위해서 이렇게 하자." 똑같이 그는 잔을 들면서 말했다. "모두 잔을 받아 마셔라. 그것은 죄를 용서해 주려고 많은 사람들과 너희들을 위해 흘리는 신약의 내 피다. 나의 추억을 위해서 이렇게 하자!"

어떤 아랍인이 손님과 커피 한 잔을 마셨다면, 그는 그럼으로써 손님과 친교를 맺은 셈이다. 이러한 공동의 행위가 그들을 결합했고 이 결합을 통해서 그 아랍인은 손님에 대한 모든 충성과 조력의 의무를 진다. 여기서는 공동의 식사와 음주가 세상 사람들이 상징이라고 일컫는 것이 아니다. 상징과 상징된 것의 결합은 그 자체로 정신적이지 않으며 생명도 아니다. 그것은 객체적 유대다. 상징과 상징된 것은 서로 낯설다. 그리고 그것들의 결합은 그것들 외부의 제3자 안에만 있는 사유된 결합이다. 어떤 사람과 먹고 마시는 것은 합일의 행위이며 느껴진 합일 자체이지 관습적 상징은 아니다. 포도주 한 잔을 적과 함께 마시는 것은 인간들의 자연스러운 느낌에 배치될 것이다. 이러한 행위에서 일어나는 합치의 감정은 서로에 대한 그들의 그 밖의 기분과 모순될 것이다.

예수와 사도들의 공동 만찬은 그 자체로 이미 우정의 행위다. 엄숙하게 똑같은 빵을 먹고 똑같은 잔을 들어 마시는 것이 더욱 밀접한 우정을 가져온다. 이것도 우정의 단순한 상징이 아니라 사랑의 정신의, 우정 자체의 느낌, 행위다. 그러나 그다음 일, 즉 "이것은 내 몸이요, 이것은 내 피다"라는 예수의 언명은 그 행위를 종교적 행위에 접근시키지만 그것으로 만들지 않는다. 이러한 언명과 이와 결부된 음식물의 분배 행위는 느낌을 어느 정도 객체적으로 만든다. 예수와의 교제, 그들 사이의 우정 그리고 그들의 중심인 스승 안에서 그들의 합일은 단순히 느껴지는 건 아니다. 오히려 예수가 모두에게 나누어 준 빵과 포도주를 그들을 위해서 주어진 자신의 살과 피라고 일컫기 때문에 그 합일은 더 이상 단순히 느껴지는 게 아니라 눈에 보이게 되었다. 그 합일은 어떤 영상, 어떤 비유적 꼴에서 표상될 뿐만이 아니라 현실적인 것과 결부되어 빵이라는 현실적인 것으로 주어지고 향유된다. 따라서 한편으로 느낌은 객체적이지만 다른 한편 이 빵과 포도주, 그리고 분배 행위는 동시에 단순히 객체적이지만은 않다.

분배 행위에는 눈에 보이는 것 이상이 있다. 분배 행위는 신비한 행위다. 그들의 우정을 알지 못했고 예수의 말을 이해하지 못했을 구경꾼이라면 빵과 포도주를 분배해 향유하는 것 외에 아무것도 보지 못했을 것이다. 마치 헤어지는 친구들이 반지 하나를 쪼개서 각자 한 조각씩 가질 때 구경꾼은 쓸모 있는 물건을 부수어서 쓸모없고 가치 없는 조각들로 나누는 것 이상으로 보지 않듯이. 구경꾼은 조각들의 신비로움을 파악하지 못했다. 객관적으로 고찰한다면, 빵은 단순한 빵이고 포도주는 단순한 포도주다. 그러나 그 양자는 실은 그 이상이다.

　이 이상의 것은, 어떤 언명처럼, 단순한 '마치 … 같이'를 통해서 객체들과 관련하지 않는다. "마치 너희들이 먹는 빵 조각이 **하나의** 빵으로부터 나오고 너희들이 마시는 포도주가 동일한 잔에서 나오는 것같이, 너희들은 실로 별개의 사람이 아니라 사랑 안에서, 정신 안에서 **하나**다." "마치 너희들이 이 빵과 포도주에 모두 관여하는 것같이, 너희들은 또한 모두 내 희생에 관여한다." 혹은 다른 어떤 '마치 … 같이'를 세상 사람들이 여기서 발견하더라도. 그렇지만 객체적인 것과 주체적인 것, 빵과 인격의 연관은 비교된 것과 직유, 비유(Parabel)[95)]의 연관이 아니다. 이 비유에서 상이한 것, 비교된 것이 갈라진 것, 분리된 것으로 설정되고 비교, 상이

한 것들의 동등성이라는 사고만이 요구된다. 이러한 결합에서는 상이성이 없어지고, 따라서 비교의 가능성도 없어지기 때문이다. 그런데 이질적인 것들이 여기서는 극히 긴밀하게 연결되어 있다.

"내 살을 먹고 내 피를 마시는 사람은 내 안에 머물고 나도 그 안에서 머문다"라는 요한복음 6장 56절의 표현이나 "나는 문이다"라는 요한복음 10장 7절의 표현과 이와 비슷한 생경한 대비의 경우에는 결합된 것이 별개의 비교된 것들로 표상 속에서 필연적으로 분리되지 않으면 안 된다. 그리고 결합은 하나의 비교로 간주되지 않으면 안 된다. 그러나 여기서는 (반지의 신비한 조각처럼) 빵과 포도주는 신비한 객체가 된다. 예수는 빵과 포도주를 자신의 살과 피라고 부르고 향유, 느낌은 빵과 포도주를 직접적으로 동반하기 때문이다. 그는 빵을 조각내어 벗들에게 주었다. "가져가서 먹어라. 이것은 너희들에게 바치는 내 살이다." 그렇게 역

---

95) (옮긴이 주) 헤겔에 따르면, 직유와 비유는 서로 이질적인 것들을 상상력으로 결합해 의미를 생생하게 드러내는 수사적 기술이다. 하지만 직유는 내용상의 유사성에 근거해 바로 '마치 … 듯이'로 이질적인 것들을 연결하는 데 반해서 비유는 일상적인 사건이나 눈앞에 보이는 인간의 행동을 통해서 보편적인 교훈을 준다. 신약성서에는 특히 비유가 많이 등장한다.

시 그는 잔을 들고 "모두 잔을 받아 마셔라. 그것은 죄를 용서해 주려고 많은 사람들과 너희들을 위해 흘리는 신약의 내 피다"라고 말했다.

포도주는 피일 뿐만 아니라 피도 또한 정신이다. 공동의 술잔, 공동의 마심은 많은 사람들을 꿰뚫는 신약의 정신이다. 이 정신 안에서 많은 사람들이 자신들의 죄를 넘어서기 위해서 생명을 마신다. "그리고 나는 너희들과 함께 새롭게 포도주를 마시고 아버지의 나라에서 너희들과 함께 새 생명을 마실 완성의 그날까지 이 포도나무로 빚은 포도주를 더 이상 마시지 않겠다." 흘린 피와 예수의 벗들의 연관은 그 피가 그들에게 객체적인 것으로서 그들의 복리를 위해, 그들의 편익을 위해 흘려졌다는 게 아니다. 오히려 그 연관은 ('내 살을 먹고 내 피를 마시는 자'라는 표현과 같이) 포도주가 그들과 맺는 관계, 관련이다. 모두가 이 포도주를 동일한 잔으로 마시고 이 포도주는 모두를 위해 존재하며 모두에게 동일하다. 그들은 모두 마시는 자들이며 동일한 감정이 모두 안에 있다. 사랑의 동등한 정신이 모두에게 스며들어 있다. 살의 바침과 피의 흘림으로부터 생겨난 이득, 은혜를 받는 자로서 그들이 동등하게 취급되어 있다면, 그들은 이런 점에서 같은 개념 속에 합일되어 있을 뿐이다.

그러나 그들이 빵을 먹고 포도주를 마셔서 그의 살과 피가 그들 속으로 옮겨 감으로써 그는 모두 안에 존재하며 그의 본질은, 사랑으로서, 신적으로 그들에게 침투했다. 그리하여 빵과 포도주는 단지 지성에 대해 있는 하나의 객체가 아니다. 먹고 마시는 행위는 단지 음식물을 먹어 치움으로써 발생하는 자기와의 합일도 아니고 느낌은 음식물의 단순한 맛도 아니다. 사도들을 하나로 묶는 예수의 정신은 외적인 감정에 대해서 객체로서 현재하며 현실적인 것이 되었다. 그러나 객체화된 사랑, 사물로 된 이 주체적인 것은 재차 자신의 본성으로 복귀해 식사에서 다시금 주체적으로 된다. 이 복귀는 쓰인 말 안에서 사물이 되고, 독서할 때 죽은 것, 객체로부터 자신의 주체성을 되찾는 사상과 아마도 이런 점에서 비교될 수 있다. 마치 빵과 포도주를 향유할 때 이러한 신비로운 객체들에 의해서 느낌이 환기되고 정신이 생동하게 될 뿐만 아니라, 그것들 자체가 객체로서 소멸하듯이, 쓰인 말이 다 읽히고 이해에 의해서 사물로서 사라진다면 그 비교는 더욱 적절할 것이다. 그리하여 행위가 정신만을, 느낌만을 야기하고 지성에게서 그 자신의 것을 빼앗아 질료, 즉 영혼이 없는 것을 파괴함으로써, 그것은 더 순수하고 자신의 목적에 더 적합한 것처럼 보인다. 사랑하는 자들이 사랑의 여신을 모시는 제단 앞에서 봉헌하고 그들의 감정은 기도하는 가운데 분출하면서 최고의 이글거리는 불꽃으로 영감을 받아 타오를 때, 이 여신 자체가 그들의 마음 속으로 들어간다 - 그러나 돌의 영상은 언제나 그들 앞에 서 있다. 이와는 반대로 사랑의 향연에서는 물체적인 것은 사라지고 생동하는 느낌만이 현존한다.

그러나 느낌이 남음으로써 전적으로 폐기되는 이런 종류의 객체성, 사랑이 파괴되기로 되어 있는 어떤 것에서 보이게 되고 그것에 부착되어 있다는 이런 종류의 객체적 (합일이라기보다는) 혼합이야말로 행위를 종교적 행위로 되지 않게 막는 것이다.

빵은 먹어야 하고 포도주는 마셔야 한다. 따라서 빵과 포도주는 신적인 것일 수 없다. 그것들에 부착되어 있는 느낌은 다시 그것들의 객체성으로부터 그것의 본성으로, 말하자면 복귀하고, 신비적인 객체는 다시 주체적인 것으로 된다는 것을 그것들은 한편으로는 장점으로 가진다. 하지만 그것들은 사랑이 그것들에 의해서 충분히 객체적으로 되지 않는다는 것, 바로 이것에 의해서 그것들이 장점으로 가지는 것을 다른 편으로는 상실한다.

갖가지 대비된 것들을 하나로 파악하라는 요구는 비유 안에는 없다. 그러나 사물과 감각이 결합되어야 한다. 음식과 예수의 정신에서의 일체감은 상징적 행위 안에서 합류해야 한다. 그러나 사물과 느낌, 정신과 현실은 혼합되지 않는다. 상상력은 결코 아름다운 것 안에서 그것들을 움켜쥘 수 없다. 눈에 보이고 향유되는 빵과 포도주는 결코 사랑의 느낌을 불러일으킬 수 없고 이러한 느낌은 보이는 객체로서 그것들에서는 결코 발견될 수 없다. 마찬가지로 이 느낌과 음식이 실제로 흡수되어 주체적으로 된다는 감정은 서로 모순된다. 늘 이중으로, 즉 신앙과 사물, 예배와 봄 또는 맛봄이 현존한다. 정신은 신앙에 현재하고 빵과 포도주는 봄과 맛봄에 현재한다. 이것들에게는 합일은 없다. 지성은 느낌에 모순되고 느낌은 지성에 모순된다. 상상력(이 안에 양자가 존재하고 지양되어 있다)을 위해 할 일은 아무것도 없다. 여기서 상상력은 직관과 감정을 합일한 어떤 영상도 산출할 수 없다.

사람들은 아폴론이나 비너스 조각이 대리석이나 깨지기 쉬운 돌임을 잊은 것이 틀림없다. 그래서 그들은 그것들의 형태에서 불멸의 것만을 본다. 그리고 그들은 그것들을 바라볼 때 영원한 청춘의 감정과 사랑의 감정에 동시에 젖어든다. 그렇지만 비너스와 아폴론을 갈아서 가루로 만들고 "이것이 아폴론이고 이것이 비너스다"라고 말한다면, 물론 가루는 내 앞에 있고 신들의 영상은 내 안에 있지만 가루와 신적인 것은 결코 모여서 하나로 되지 않는다. 가루의 공덕은 가루가 모여 이룬 모습에 있었다. 이 모습은 사라졌지만 이제는 가루가 주요한 사물이다. 빵의 공덕은 그것의 신비적 의미에 있지만 동시에 그것이 빵이며 먹을 수 있다는 그 속성 안에도 있다. 예배를 드릴 때조차도 빵은 빵으로 현존해야 한다. 갈아서 가루가 된 아폴론 앞에서 신앙심은 남지만 돌가루로 향할 수 없다. 돌가루는 신앙심을 상기시킬 수 있지만 신앙심을 **자신** 쪽으로 끌어당길 수 없다. 거기에 비탄이 생긴다. 이것이 이 갈라짐의, 이 모순의 느낌이며 시체와 살아 있는 힘들의 표상이 합일할 수 없는 경우에 느끼는 슬픔과 같다.

  사도들의 만찬 뒤에 그들이 스승을 잃는다는 절박한 일 때문에 비애가 생겼다. 그러나 참으로 종교적인 행위 뒤에는 온 영혼이 진정되어 있다. 그리고 만찬이 베풀어진 뒤에는 오늘날의 기독교도 사이에서도 명랑함을 결여하거나 또는 우울하면서도 명랑한 분위기를 띤 경건한 놀라움이 발생한다. 느낌의 긴장과 지성은 분할되어 일면적이었고, 신앙심은 불완전했으며, 신적인 무언가가 약속되었지만 입속에서 녹아 없어졌기 때문이다.

예수의 종교

어떻게 예수가 유태인의 무한한 지배자와 피지배의 원리에 대립되는가, 무엇을 그가 이 원리에 직접적으로 대립시키는가를 살펴보는 것이 극히 흥미로울 것이다. 여기, 유태인 정신의 중심에는 투쟁이 가장 완고할 수밖에 없었다. 여기에서는 유태인의 모든 것이 통째로 공격받았기 때문이다. 유태인 정신의 개별 부문에 대한 공격은 원리와도 물론 마주치긴 한다. 하지만 원리가 공격받고 있다는 것이 아직 의식되지 않고 있다. 개별 부문을 둘러싼 싸움의 근저에 원리들 자체의 항쟁이 놓여 있다는 것이 점점 더 강하게 느껴지고 나서야 분격이 일어난다. 유태인들과 예수 사이에는 그들의 최고의 것에 대한 그의 대립이 곧 문제가 되었다. 신을 자신들의 주인이고 지배자라고 생각한 유태인들의 이념에 대립해서 그는 인간에 대한 신의 관계를 자식에 대한 아버지의 관계로 정립한다.

도덕은 의식된 것의 범위 안에서 지배를 폐기한다. 사랑은 도덕 영역의 한계를 폐기한다. 그러나 사랑 자체는 여전히 불완전한 본성이다.[96] 행복한 사랑의 순간에는 객체성

---

96) (헤겔이 삭제한 문장) 행복할 수 있거나 불행할 수 있다.

의 여지는 없다. 그러나 어떠한 반성이라도 사랑을 폐기하고 객체성을 회복해 이 객체성과 함께 제한의 영역이 다시 시작된다. 따라서 종교적인 것은 사랑의 보완(πληρωμα)이다(이것은 반성과 사랑이 합일되고 결합되어 사유된 것이다). 사랑의 직관은 완전성의 요구를 충족하는 것처럼 보인다. 그러나 그것은 하나의 모순이다. 직관하는 것, 표상하는 것은 제한하는 어떤 것이자 제한된 것만을 수용하는 것이다. 그러나 객체는 무한한 어떤 것이다. 무한자는 이러한 그릇에 담을 수 없다.

순수한 생명97)을 사유하는 것은 인간이 과거에 그랬고 인간이 미래에 그럴 모든 것을, 모든 소행을 제거하려는 과제다. 성격은 활동을 추상화한 것일 뿐이다. 그리하여 이 성격은 보편적인 것을 표현한다. 순수한 생명의 의식98)은 인간은 무엇인가에 대한 의식이다. 이 의식 안에는 어떤 상이성도 어떤 발전된 현실적 다양성도 없다. 이 단순한 것은 부정적인 단순한 것, 추상의 통일이 아니다(추상의 통일 안에는 규정된 어떤 것만이 정립되어 있고 그 밖의 모든 규정성은 추상화되어 있거나 혹은 순수한 통일은 모든 규정된 것

---

97) (헤겔이 삭제한 문장) 자기의식.

98) (헤겔이 삭제한 문장) 순수한 자기의식.

을 추상화하도록 정립된 요구, 즉 부정적 무규정자일 뿐이기 때문이다. 순수한 생명은 존재다). 수다성이 절대적인 것은 아니다. 이 순수한 생명이 모든 개별화된 생명, 충동 그리고 모든 행위의 원천이다. 그러나 이 순수한 생명이 생명에 대한 믿음으로 의식화된다면 그것은 물론 믿는 자 속에 여전히 살아 있긴 하지만 어느 정도 그의 바깥에 놓여 있다. 그런 한, 의식되어 있는 것은 제한되기 때문에 이 의식되어 있는 것과 무한자는 완전히 하나로 있을 수 없다. 인간은 그의 모든 소행, 모든 규정된 것을 추상화할 능력이 있으면서도 각각의 소행의, 모든 규정된 것의 혼을 순수하게 고수할 수 있음으로써만 그는 하나의 신을 믿을 수 있다. 혼도 없고 정신도 없는 곳에는 신적인 것은 없다.

늘 자신이 규정되어 있다고 느끼는 사람, 즉 자신이 늘 이런저런 일을 하거나 겪으면서 이러저러하게 행동한다고 느끼는 사람,[99] 그런 사람의 추상적 사고 안에서는 제한된 것이 정신으로부터 분리되는 게 아니라 그에게 지속하는 것

---

[99] (헤겔이 삭제한 문장) 그러한 사람의 신성은 그가 이러한 의식을 넘어서 느끼는 것, 객체의 총체성일 수만 있다. 그리고 객체의 지배자, 신성 자체는 일체를 초월하고 모든 살아 있는 힘을 초월할수록 그만큼 더 공허하다.

은 살아 있는 것의 대립자, 지배하는 보편자일 뿐이다. 규정성의 온 영역이 없어지고, 규정성에 대한 이러한 의식 위에 객체의 총체의 공허한 통일만이 객체를 지배하는 본질로서 존재한다. 생명의 순수한 감정만이 지배와 피지배의 이 무한한 영역에 대립될 수 있다. 이 순수한 감정은 자기 자신 속에서 정당화되고 권위를 갖는다. 그러나 이 순수한 감정이 대립적인 것으로 출현함으로써 그것은 특정한 한 인간[100] 안에서 규정된 어떤 것으로 출현한다. 이 인간은 세속적 현실에 얽매이고 더럽혀진 눈에 순수성의 직관을 줄 수 없다. 그가 나타나는 특정한 상황에서, 그는 제한된 생명의 모든 형태가 그에게로 흘러나오는 원천에만, 자신의 근원에만 의거할 수 있다. 인간은 지금 그인 전체를 절대적인 것으로 삼아 이 전체에 의거할 수 없다. 그는 모든 변화 가운데서도 불변한 채로 살아 있는 아버지, 더욱 높은 것에 호소해야 한다.[101]

---

100) (옮긴이 주) 예수.

101) (헤겔이 삭제한 문장) 예수는 자신이 하는 일은 자신의 행위가 아니며 자신이 말하는 것도 자신의 사상이 아니라 자신의 모든 힘과 가르침은 아버지로부터 받았다는 것을 자주 언명하고 반복한다. 그를 통해 말로 나타나는 것이 그 안에 있지만, 동시에 그것이 여기에 서 있고 가르치며 말하는 그보다 더욱 높은 어떤 것이라는 이 확

고한 의식 외에는, 유태교에 대한 그의 투쟁과 교설의 어떤 다른 정당화도 그는 내보일 수 없다. 그 때문에 그는 자신을 결코 신이라고 부르지 않지만 신의 아들이라고 부른다. 그는 인간이기 때문에 신이 아니다. 그러나 인간으로서 그는 동시에 또한 신의 아들이며 인간보다 더 높은 위계를 지닌다. 제한에 사로잡힌 상태보다도 더 높은 본성이 동시에 그 안에 있다. 유태인들 자신이 신에게서 태어났다는 것이 그의 아버지에 의해 그들에게 계시되었다는 방식으로만, 또 그런 이유에서만 그는 그들로부터 신앙을 기대한다. 베드로가 예수 안에서 신이 낳은 자, 생명의 아들을 인식했을 때, 그는 "너의 유한성이 이것을 너에게 계시했던 게 아니라 나의 아버지가 너에게 계시했다"라고 말했다. 무한자와 유한자의 연관은 물론 하나의 성스러운 비밀이다. 그 연관은 생명이고 따라서 생명의 비밀이기 때문이다. 만약 우리가 이중의 본성, 즉 신의 본성과 인간의 본성에 관해 말한다면 어떠한 결합도 이루어질 수 없다. 양자가 절대적으로 상이한 것으로 정립되어 있다면, 어떤 결합에서도 그것들은 여전히 둘로 존속해야 하기 때문이다. 술기가 가시나 잎 그리고 열매의 아버지이듯이 인간이 신의 아들이라는 신에 대한 이 관계는 유태인들을 최고도로 격분시켰음에 틀림없다. 유태인들은 인간적 본질과 신적 본질 사이에 뛰어넘을 수 없는 간격을 두어서 신적 본질에 대한 관여를 우리의 본성에 용인하지 않았다.

예수는 자신을 사람의 아들이라고도 부른다. 하나이며 분할되어 있지 않거나 무한하게 조직된 생명체의 한 지절은 자기를 부분으로 정립하며 다른 지절로부터 자기를 구분할 수 있다. 이러한 변용을 겪은 생명은 순수한 생명으로서 생명의 순수한 총체 안에 있다. 그것은 양태로서 다른 것에 대립한다. 아버지는 그 자신 안에 생명을 가지고 있다. 그리하여 아버지는 자기 자신 안에 갖고 있는 생명을 아들에게도 주었다. 그리고 그 아들은 사람의 아들이기 때문에, 아버지는 아들에게 권력을 주어 심판을 맡겼다. 하나인 것은 권력이 없다. 그것과 싸우는 적대적인 어떤 것도 그것에 대항하고 있지 않기 때문이다. 그러나 인간과 같이 현실적인 것은 적대적인 힘들에 의해 공격을 받아 싸움에 뛰어들 수 있다. 단지 인간만이 그를 가만히 내버려 두긴 하지만 그와 함께 살고 즐기려 하지 않고 스스로 고립되고 분리되어 있는 낯선 것에 자기를 대립시킬 수 있고 그만이 다른 것들에 맞서 권리들을 주장하고 그것들의 분리의 움직이지 않는 한계를 세우고 보존할 수 있다. 그리고 이런 인간만이 심판을 내릴 수 있다. 현실의 멍에를 벗고 신에 의해 움직이는 의식을 예수는 신의 영(靈)이라고 부른다. 모든 신적인 것이 나타날 때 취하지 않을 수 없는 형태, 즉 현실적인 것과 싸우는 신의 출현은 하나의 형식을 갖지 않으면 안 된다. 이 활동은 제한된 것에 맞서 나간다. 그러나 이 활동 자체는 가장 자유로운 형식이긴 하지만 형식으로 나타난다. 그러므로 그것은 자신의 현상에서도 형태와 본질로 구분될 수 있다. 본질은 활동시키는 것, 활동적인 것이다. 따라서 예수는 신의 영에 관해 여전히 말할 수 있다. 인간의 아들과 개체성, 그리고 자기 안에 신의 영이 거주하는 신의 아들이 인간 속에서 구별된다면, 신으로부터 생명을 부여받은 것에 불과한 양태가 상처받기 쉬우며 그 자체로 신성하지 않다. 인간의 아들에게 지은 죄는 용서받을 수 있지만, 성령을 거스르는 죄는 용서받을 수 없다. 싸움에 빠진 개체성보다 더욱 높은 것이 있다. 인간의 아들에게 지은 죄는 사랑 안에서 용서받을 수 있지만, 성령을 거스르는 죄는 사랑 자체에 죄를 짓는 것이며 신적인 것에 대한 모든 권리, 모든 관여를 포기한 것이다. 예수가 사도들과 함께 있었던 한에서 그에 대한 신앙, 즉 한 인간인 그 안에 신적인 것이 있다는 신

신적인 것에 관해 말함

신적인 것은 순수한 생명이기 때문에, 그것에 관해 말하는 어떤 경우에도 대립된 것을 필연적으로 자신 안에 포함해서는 안 된다. 그리고 객체적인 것의 관계들에 대한 반성 또는 객체적인 것을 객체적으로 처리하기 위한 활동에 대한 반성의 모든 표현은 기피되지 않으면 안 된다. 신적인 것의 작용은 정신들의 합일일 뿐이기 때문이다. 정신만이 정신을 포착하고 자신 안에 품는다. 만일 정신이 객체적인 것을 수용한다면, '명령한다', '가르친다', '배운다', '본다', '인식한다', '만든다', '의지한다', '(천국에) 들어온다', '간다'와 같은 표현들은 객체적인 것의 관계들만을 표현한다. 그러므로 신적인

앙이 그들을 지배했다. 이 신앙은 아직 성령이 아니었다. 그들은 신성에 대한 자신감 없이는 앞의 신앙을 가질 수 없었지만, 여전히 이 자신감과 그들의 개체성은 분리된 것이었으며 그들의 개체성은 어떤 다른 인간의 개체성에 의존했기 때문이다. 그들 안에 있는 신적인 것과 그들 자신은 아직 하나가 아니었다. 그 때문에 그가 떠난 뒤에는 외적인 지주를 그들이 벗어 던지고 그들 위에 성령이 퍼부어지며 그의 죽음과 더불어 그에 대한 그들의 의존도 그치고 그들이 자기 자신들 안에서 모든 진리로 인도할 지도자를 발견해 신의 아들이 될 것이라고 그는 약속했다. 그들의 스승의 이러한 희망이 어느 정도로 충족될 수 있었는지는 뒤에 가서야 밝혀진다.

것에 대해서는 영감 안에서만 말해질 수 있다.

　유태적 교양은 우리에게 생동하는 관계들의 한 범위에 대한 의식만을 보여 주며 이 관계들조차도 덕과 속성의 형식보다는 개념의 형식에서 보여 준다. 그리고 유태인들이 주로 낯선 이들이나 다른 존재자들 사이의 관계만을 연민, 자비 등으로 표현해야 했으므로, 유태적 교양의 이러한 상태는 그만큼 더 자연스럽다. 복음 전도사들 가운데서 요한은 신적인 것과, 예수와 신적인 것의 결합에 관해서 가장 많이 말한다. 그러나 정신적인 관계로 보아서는 아주 빈약한 유태적 교양은 그로 하여금 최고로 영적인 것을 표현하기 위해서 객체적인 결합, 즉 실생활의 말을 쓰도록 강요했다. 따라서 실생활의 말은 어음 양식[102]의 말로 느낌이 표현되었던 경우보다 자주 더 딱딱하게 들린다. '천국', '천국에 들어간다', '내가 문이다', '나는 참된 음식이다', '내 살을 먹는 자' 등 메마른 현실의 그러한 결합 속으로 영적인 것이 강제로 쑤셔 넣어졌다.

　사람들은 유태적 교양의 상태를 유아기 상태라고 부를 수도, 그 말을 미발달한 순진한 말이라고 부를 수도 없다.

---

102) (옮긴이 주) 원문의 Wechsel-Stil은 상거래에서 어음을 주고받을 때 사용하는 사무적인 언어 양식이라고 여겨진다.

유태적 교양 안에는 약간의 깊고 순진한 소리가 여전히 보존되어 있거나 혹은 오히려 재건되어 있다. 그러나 그 밖의 무겁고 억지로 꾸민 표현 양식은 오히려 그 민족의 최고로 그릇된 문화의 결과다. 더욱 순수한 존재자는 이 결과와 싸우지 않으면 안 된다. 그리고 유태적 교양의 형식을 빌려서 자신의 뜻을 드러내야 하는 경우에는 이 결과에 의해 이 순수한 존재자는 고통을 겪는다. 그 자신이 이 민족에 속해 있으므로 그는 그 형식 없이는 지낼 수 없다.

로고스

요한복음의 첫 부분은 일련의 명제적인 문장들을 포함하고 있는데, 이 문장들은 신과 신적인 것을 더욱 특유한 언어로 표현하고 있다. "처음에 말씀(logos)이 **있었다**. 말씀은 신과 **함께 있었고 말씀 안에 생명이 있었다**"라고 말하는 것은 가장 단순한 반성 언어다. 그러나 이 문장들은 판단의 기만적 가상을 지니고 있을 뿐이다. 술어는 반성을 표현하는 판단에서 필연적으로 포함되는 것과 같은 보편자나 개념이 아니라 술어 그 자체가 다시 존재하는 것이고 살아 있는 것이기 때문이다.

이 단순한 반성도 정신적인 것을 정신으로써 표현하는 데 알맞지 않다. 그 자신의 깊은 정신으로써 파악하는 것은 수용하는 자에게는 어디에서도 신적인 것의 전달에서보다 더 필연적이지 않다. 신적인 것에 관해서 반성의 형식으로 표현된 것은 어떤 것이라도 곧바로 배리(背理)이기 때문에 배워서 수동적으로 자신 안으로 수용하는 것은 어디에서도 덜 가능하지 않다. 그리고 신적인 것의 수동적이고 몰정신적인 수용은 더 깊은 정신을 공허하게 할 뿐만 아니라 그것을 수용하고 그것과 모순인 지성도 그 때문에 교란한다. 그러므로 늘 객체적인 이런 말은 독자의 정신에서만 의미와 무게를 획득한다. 그리고 생명의 관계와 살아 있는 것과 죽은 것의 대립이 다양하게 의식되는 그만큼 이 말은 다양한 의미와 무게를 지닌다.

요한복음의 모두(冒頭)를 장식하는 두 극단 중에서 가장 객관적인 방식은 로고스를 하나의 현실적인 것, 하나의 개체로 이해하는 것이고, 가장 주관적인 방식은 로고스를 이성으로 해석하는 것이다. 전자에서는 로고스가 하나의 특수자로, 후자에서는 보편성으로 이해된다. 또한 전자에서 로고스는 가장 고유하며 배타적인 현실이고, 후자에서는 단순히 사유된 존재다. 존재하는 것이 이중의 관점에서 고찰되지 않으면 안 되므로 신과 로고스는 구별되어 있다. 반성은 그것이 반성된 것이라는 형식을 부여하는 그런 것을, 동시에 반성되지 않은 것으로 상정하기 때문이다. 즉 반성은 일단 그것을 어떠한 분할도 대립도 내포하지 않는 하나인 것으로, 그리고 동시에 무한하게 분할 가능하고 분리 가능한 하나인 것으로 상정한다.

신이 로고스의 형식 안에서 소재인 한에서만, 신과 로고스는 상이하다. 로고스 자체는 신과 함께 있으며 신과 로고스는 하나다. 현실적인 것의 다양성, 무한성은 현실화된 무한 분할이다. 일체는 로고스에 의해 존재한다. 세계는 신성의 유출이 아니다. 세계가 신성의 유출이라면 현실적인 것은 철저하게 신적일 것이기 때문이다. 그러나 현실적인 것으로서 그것은 무한한 분할의 부분, 유출이지만 동시에 부분 안에(ἐν αὐτῷ가 바로 앞의 οὐδὲ ἕν ὃ γέγονεν과 관계되는 게 거의 더 좋다) 또는 무한히 분할하는 자 안에(ἐν αὐτῷ가 λογος와 관계된다면) 생명이 있다.[103]

---

[103] (옮긴이 주) 관련된 요한복음 1장 3절과 4절의 그리스어 원문은 3. καὶ χωρὶς αὐτοῦ ἐγένετο οὐδὲ ἕν ὃ γέγονεν. 4. ἐν αὐτῷ ζωὴ ἦν이다. 이 구절은 아래 두 가지로 번역할 수 있다.
(1) 말씀 없이 생겨난 것은 하나도 없다. 생겨난 모든 것이 그에게서 생명을 얻었다.
(2) 생겨난 것 중에서 그 없이 생긴 것은 하나도 없다. 그 안에 생명

대립된 것, 죽은 것으로서 개별자, 제한된 것은 동시에 무한한 생명나무의 한 가지다. 그 외부에 전체가 있는 각각의 부분은 동시에 전체이며 생명이다. 그리고 이 생명은, 반성된 것으로도, 주어와 술어의 관계로 분할된 것으로도, 다시금 생명(ζωή)이며 파악된 생명[빛(φῶς), 진리]이다. 이 유한한 것들은 대립을 갖는다. 빛에 대해서 어둠이 있다. 세례자 요한은 빛이 아니었다. 그는 빛을 증언했을 따름이다. 그는 하나인 것을 느꼈다. 그러나 그것은 순수하게 그의 의식에 나타났던 게 아니라 일정한 관계들 안에 제한되어서만 나타났다. 그는 그것을 믿었지만 그의 의식은 생명과 동등하지 않았다. 생명과 동등한 의식만이 빛이다. 그리고 생명이 존재하는 것인 반면에 의식은 반성된 것으로 존재하는 것이라는 데서만 의식과 생명은 상이하다. 요한 자신은 빛이 아니었지만 빛은 인간 세계로 들어가는 어느 인간 안에도 있었다[세계(κοσμος)는 인간적 관계와 인간적 삶의 전체인데 요한복음 1장 3절의 일체(παντα)와 생성물(ὃ γέονεν)

이 있다.
이에 관해서는 ≪Greek-English New Testament≫(Deutsche Bibelgesellschaft, 1990)와 ≪공동 번역 신약성서≫(대한성서공회, 1977)를 참조하라.

보다 더 제한되어 있다. 인간이 세계로 들어가는 경우만이 인간이 빛을 쬐는(φωτιζόμενος) 셈은 아니다. 빛(φῶς)은 세계 자체에도 있다.

세계와 세계의 모든 관계, 규정은 모조리 빛인 인간(ἀνθρώπου φωτός)의 소산, 스스로 발전하는 인간의 소산이다. 하지만 이 관계들이 살고 있는 세계는 그를, 의식되는 온 자연을 인식하지도 않고 이 온 자연이 세계의 의식에 들어오지도 않을 것이다. 인간 세계는 그 자신의 것(ἴδιον)이며 그와 가장 친근한 것이다. 그런데 인간 세계는 그를 받아들이지 않고 낯선 이로 취급한다. 그러나 그 안에서 자기를 인식하는 자들은 그럼으로써 위력을 보유한다. 그 위력은 새로운 어떤 힘이나 살아 있는 어떤 것을 나타내는 게 아니라 생명의 정도, 즉 생명의 동등성 또는 부등성만을 나타낸다. 그들은 다른 것이 되지는 않는다. 그러나 그들이 참된 빛에 비추어진(φωτιζόμενου φωτί ἀληθινῷ) 자로서 인간(ἀνθρώπου)의 저 관계[이름(ὄνομα)]를 의식하게 되는 한에서, 그들은 신을 인식하고 자신들을 신의 아이들로 인식하며, 신보다는 약하지만 신과 같은 본성을 지닌 것으로 인식한다. 그들은 자신들의 본질을 낯선 것 안에서가 아니라 신 안에서 발견한다.

여태까지 진리 자체와 인간에 관해서만 일반적으로 이

야기했다. 14절에서는 로고스도 변용해서 개체로 나타난다. 개체로 변용한 이 형태 안에서 로고스는 우리에게도 자신을 드러냈다(세계로 들어오는 인간(ἄνθρωπος ἐρχόμενος εἰς κόσμον) — 10절 이하의 αὐτον[104])이 걸리는 곳은 달리 없다). 요한은 빛(7절)뿐만 아니라 개체(15절)도 증언했다.

신의 이념이 아무리 숭고하다 하더라도, 현실에 대한 사상의 대립, 감성적인 것에 대한 이성적인 것의 대립이라는 유태적 원리는 언제나 생명의 분열, 신과 세계의 죽은 연관으로 머문다. 이것은 실은 살아 있는 연관으로만 간주되는 결합이지만, 이 결합에서는 상관된 것들의 관계는 신비적으로만 말해질 수 있다.

신의 아들과 사람의 아들

예수가 신과 맺는 관계에서 가장 빈번하게 등장하고 가장

---

104) (옮긴이 주) αὐτον을 헤겔은 '세계로 들어오는 인간'으로 보고 있지만 앞의 두 성서는 '빛'을 지시하는 것으로 본다. 녹스(Knox)도 그것이 빛을 가리키지 않으면 안 된다고 보고 있다. 이에 관해서는 G. W. F. Hegel, ≪Early Theological Writings≫(T. M. Knox, trans., University of Pennsylvania Press, 1970), 259쪽을 참조하라.

특색 있는 표현은 예수가 자신을 신의 아들이라고 부르고 신의 아들인 자신에 인간의 아들인 자신을 대립시킨다는 것이다. 이러한 관계의 표시는 당시의 유태어에 우연히 남아 있어서 그 유태어의 행운의 표현에 속하는 소수의 자연어 중 하나다.

아들이 아버지와 맺는 관계는 가령 심성의 통일이나 일치, 원칙의 동등성 따위와 같은 통일, 개념이나 사유된 것에 불과하고 살아 있는 것을 추상화하는 통일이 아니라, 살아 있는 것들의 생동하는 관계이자 동등한 생명이다. 그 관계는 동일한 생명의 양태일 뿐이지 본질의 대립도 아니고 절대적 실체성의 수다성도 아니다. 그러므로 신의 아들은 아버지와 동일한 본질이다. 그렇지만 어떠한 반성 행위로 보아서도, 또한 그러한 행위로 보아서만 신의 아들은 특수한 본질이다. 아랍인들이 종족의 한 구성원, 개인이라고 지칭할 때의 표현, 예를 들면 쿠라이시족의 아들이라는 표현에서도 이 개인이 단순히 전체의 일부분이 아니며 따라서 전체의 외부에 있는 무언가가 아니라 그 자체가 바로 온 종족인 전체라는 의미가 깔려 있다. 그런 자연적이고 미분화된 민족의 경우에 이 민족이 그들의 방식대로 전쟁을 치러 얻는 결과로부터도 이것은 명백하다. 각 개인은 극히 잔인한 방식으로 칼에 베여 죽임을 당하기 때문이다. 이에 반해 각 개인이 국가의 전체를 자신 안에 지니고 있는 게 아니라 그 유대가 사유된 것, 만인에게 동등한 권리일 뿐인 지금의 유럽에서는 그 때문에 전쟁은 개인에 맞서서 치러지는 게 아니라 각 개인의 외부에 있는 전체에 맞서서 치러진다. 참으로 자유로운 모든 민족과 같이 아랍인도 각자는 한 부분이지만 동시에 전체다.

전체가 부분들과 다르다는 것은 객체나 죽은 것에만 들어맞는다. 이와는 반대로 생명체에서는 부분들은 전체와 똑같고 하나다. 특수한 객체들이 실체로서 한데 모이면서도 동시에 각기 자신의 특성을 갖고 하나의 개체로(수적으로 하나인 것으로) 한데 모인다면, 그것들의 공통적인 것은 개념일 뿐인 통일이지, 본질도 아니고 존재하는 어떤 것도 아니다. 그러나 생명체는 분리되어서도 실재다. 그리고 생명체의 통일도 마찬가지로 하나의 실재다. 큰 나뭇가지 세 개를 가진 나무 한 그루는 그 나뭇가지들과 함께 한 그루의 나무를 이룬다. 그러나 나무의 어느 아들도, 어느 가지도(나무의 다른 아이들인 잎과 꽃도) 그 자체가 한 그루의 나무다. 줄기에서 가지로 수액을 보내는 섬유는 뿌리와 같은 본성을 갖고 있다. 땅에 거꾸로 꽂혀 있는 나무는 공중으로 퍼져 있는 뿌리에서 잎이 뻗어 나올 것이고 작은 가지들이 땅에 뿌리를 박을 것이다― 그런데 여기에 나무가 **한 그루**

만이 있다는 것은 나무가 세 그루 있다는 것만큼 참되다.

신성 안에서 이루어지는 아버지와 아들의 본질의 이 일치를 유태인들도 예수가 신과 맺는 관계에서 발견했다. "예수가 신을 아버지라고 부름으로써 그는 자기 자신을 신과 같게 했다"(요한복음 5장 18절)고 그들은 여겼다. 그는 신의 지배라는 유태적 원리에 인간의 욕구를 대립시킬 수 있었긴 하지만(마치 배고픔을 채우려는 욕구를 안식일의 축제에 대립시키듯이), 이것도 일반적으로만 그럴 수 있었다. 이 대립의 더욱 심각한 전개, 가령 실천이성의 우위는 당시의 교양에 없었다. 그는 그들의 눈앞에서는 개인으로서만 유태교와 대립하고 있었다. 이 개체성의 사상을 제거하기 위해서 그는, 특히 요한복음에서, 늘 자기와 신의 일체성을 주장한다.

아버지 자신이 생명을 자기 안에 갖듯이, 신은 아들에게 그 자신 안에 생명을 갖도록 허락했다. "그와 아버지는 하나다", "그는 빵이다", "그는 하늘로부터 내려왔다" 등은 딱딱한 말들($\sigma\kappa\lambda\eta\rho oì\ \lambda o\gamma oι$)이다. 그런데 사람들이 이 말들을 비유적인 것으로 단정하거나 이 말들을 정신적으로 생명으로 받아들이는 대신에 개념의 통일로 슬쩍 바꿈으로써 이 말들은 더 부드러워지지 않는다. 물론 사람들이 비유적인 것에 지성 개념을 대립시켜 후자를 지배하는 것으로 받아들이자마자, 모든 비유는 다만 유희이자 진리 없는 상상력의 부산물로서 제거되지 않을 수 없다. 그리고 비유의 생명 대신에 객체적인 것만이 남는다.

그러나 예수는 자신을 신의 아들로 부를 뿐만 아니라 사람의 아들로도 부른다. 신의 아들이 신적인 것의 한 양태를 표현한다면, 똑같이 인간의 아들은 인간의 한 양태다. 그러나 인간은 신성과 같이 **하나의** 본성, **하나의** 본질이 아니라 하나의 개념이며 하나의 사유된 것이다. 그리고 여기서 인간의 아들이란 인간이라는 개념에 포섭된 어떤 것을 뜻한다. 예수가 인간이라는 판단은 본래의 판단이며 술어는 하나의 존재자가 아니라 하나의 보편자대ἄνθοωπος는 인간이지만 υἱὸς ἄνθοωπου(사람의 아들)는 한 인간이다.

신의 아들은 사람의 아들이기도 하다. 특수한 형태를 띤 신적인 것은 한 인간으로 나타난다. 무한자와 유한자의 연결은 물론 성스러운 비밀이다. 이 연관은 생명 자체이기 때문이다. 생명을 분리하는 반성은 생명을 무한자와 유한자로 구분할 수 있다. 그리고 제한, 즉 그 자체로 고찰된 유한자만이 신적인 것에 대립된 것으로서의 인간 개념을 산출한다. 제한은 반성의 외부에나 진리 안에는 발생하지 않는다. 사람의 아들이 신의 아들에 대립되는 곳에 사람의 아들이라는 이 의미가 극히 명료하게 드러난다. 예를 들면 다음과 같다. 요한복음 5장 26절~27절, "아버지가 자기 자신 안에 생명을 가지듯이 아버지는 아들도 자기 자신 안에 생명을 가지도록 했다. 그리고 아들이 사람의 아들이기 때문에 아버지는 아들에게 심판할 권력을 주었다." 그리고 요한복음 5장 22절은 이렇다. "아버지는 아무도 심판하지 않고 아들에게 심판하는 일을 넘겨주었다." 반면 요한복음 3장 17절(마태복음 18장 11절)에서는 이렇게 말한다. "신이 아들을 세상에 보낸 것은 세상을 심판하려는 게 아니라 아들을 통해 세상을 구원하려는 것이다."

심판은 신적인 것의 행위가 아니다. 심판하는 자 안에 있는 율법은 심판받아야 할 자에게 대립된 보편자이기 때문이다. 그리고 심판은 판단하는 일이며, 같거나 같지 않다고 단언하는 일이며, 사유된 통일을 인정하는 일 또는 합일할 수 없는 대립을 인정하는 일이다. 신의 아들은 심판하지 않고 가르거나 분리하지 않으며 대립적인 것을 대립하는 그대로 놔두지 않는다.

신적인 것의 일으킴, 발현은 율법을 만들어 세우는 것도 아니고 율법의 지배를 주장하는 것도 아니다. 오히려 세계는 신적인 것이 구원해야 한다. 구원한다는 말도 정신에 관해서 잘못 사용되는 표현이다. 이 말은 위험에 직면해 있는 사람의 위험을 향한 절대적 무기력을 표시하기 때문이다.

그리고 그런 한 구원은 낯선 이에 대해서 낯선 이가 하는 행위다. 구원받는 자가 자신의 본질에 낯설게 되는 게 아니라 자신의 선행하는 상태에 낯설게 되는 한에서만, 신적인 것의 작용은 구원으로 간주될 수 있다 ─ 아버지는 심판하지 않는다. 아들은 아버지와 하나인 한에서, 그 자신 안에 생명을 갖는 아들도 심판하지 않는다. 그러나 그는 사람의 아들이기 때문에 동시에 권위와 심판할 권력을 받았다. 양태는 그 자체로, 제한된 어떤 것으로서 대립이 가능하며 보편과 특수로 분리가 가능하기 때문이다.

아들에게는 질료의 측면에서 보자면 비교, 즉 힘의 비교, 따라서 권위가 생겨나며, 형식의 측면에서 보자면 비교 활동, 개념, 율법 그리고 개인과 율법 사이의 분리 또는 결합, 판결과 심판이 생겨난다. 그러나 인간이 신적인 것이 아니라면 그는 동시에 다시 심판할 수 없다. 인간이 신적인 것임으로써만 심판의 척도, 즉 분리가 가능하기 때문이다. 맺고 푸는 그의 권한은 신적인 것에 기초하고 있다. 심판 자체는 신적이지 않은 것을 관념 안에서만 지배하든가 또는 현실 안에서만 지배하든가 하는 두 가지 방식일 수 있다. 예수는 요한복음 3장 18절, 19절에서 말한다. "신의 아들을 믿는 자는 심판받지 않는다. 그러나 신의 아들을 믿지 않는 자는 이미 심판받았다." 그는 신에 대한 인간의 이 관계, 즉 자신의 신성을 인식하지 않았기 때문이다. "그들의 심판은 진리에 대한 그들의 사랑보다 더 큰, 어둠에 대한 그들의 사랑 자체다." 그러므로 심판 자체는 그들의 불신에 존립한다.

신적인 인간은 악을 지배하고 억누르려는 힘으로 악에 다가서지 않는다. 신적인 인간의 아들은 권위를 받았지만 강제력을 받지는 않았기 때문이다. 그는 현실 속에서 세상을 다루지 그것과 싸우지 않는다. 그는 세상의 심판을 형벌의 의식으로서 세상에 가져오지 않는다. 비록 그 한계가 아마도 이미 세상의 최고의 궁지이고 세상에 의해서 제한으로 느껴지지 않더라도, 세상의 수난은 세상에 대해서는 아마도 수난의 형식을, 적어도 어떤 율법의 반작용적 모욕이라는 형식을 갖지 않더라도, 그와 함께 살 수 없고, 그와 함께 즐길 수 없는 것, 그로부터 격리되어 따로 떨어져 있는 것, 이러한 것이 스스로 설정한 한계를 그는 그러한 제한으로 인식한다. 그러나 세상이 신적인 것에 대한 자신의 무의식, 타락에 빠져든다 하더라도, 세상의 불신앙은 세상을 더욱 낮은 영역으로 놓는 것이며 세상의 자기 심판이다.

인간이 신적인 것을 전적으로 자기 밖에 두는지 또는 두지 않는지에 따라서, 아들이 아버지와 맺는 관계로서 예수가 신과 맺는 관계는 인식으로 파악될 수 있었거나 신앙으로 파악될 수 있었다. 인식은 앞의 관계를 수용하는 방식으로 2종의 본성, 즉 인간적 본성과 신적 본성, 인간적 본질과 신적 본질을 정립한다. 그것들은 각각 인격성과 실체성을 가진다. 그런데 그것들은 절대적으로 상이한 것으로 정립되기 때문에 그것들은 어떤 관계 방식에서도 둘로 남는다.

이러한 절대적 상이성을 정립하면서도 동시에 가장 내밀한 관계 안에서 절대적인 것들을 하나로 사유하도록 요구하는 사람들은 지성 영역 외부에 있을 무언가를 그들이 통고하리라는 점에서 지성을 지양하는 게 아니라, 절대적으로 상이한 실체들을 파악하면서 동시에 그 실체들의 절대적 통일을 파악하도록 지성에게 부당하게 요구한다. 따라서 그들은 지성을 정립함으로써 그것을 파괴한다. 실체성의 주어진 상이성을 받아들이지만 그 통일을 부인하는 사람들은 더욱 일관성이 있다. 그들은 실체성의 주어진 상이성을 받아들이는 데에서 정당하다. 신과 인간을 사유하는 것이 요청되기 때문이다. 그리고 이와 함께 그들은 그 통일을 부인하는 데에서도 정당하다. 신과 인간 사이의 분리를 없애는 것이 그들에게 요구된 최초의 것과 맞서 있을 것이기 때문이다. 그들은 이런 방식으로 지성을 구제한다. 하지만 그들이 신적 본질과 인간적 본질의 이 절대적 상이성에 머물러 있다면, 그들은 지성, 절대적 분리, 생명의 죽임을 정신의 극치로 높인다. 이런 방식으로 유태인들은 예수를 수용했다.

예수가 "아버지는 내 안에 있고 나는 아버지 안에 있다. 나를 본 자는 아버지를 보았다. 아버지를 아는 자는 내 말이 진리라는 걸 안다. 나와 아버지는 하나다"라고 말했을 때, 유태인들은 사람으로 태어난 그가 자신을 신으로 만든다는 것은 신을 모독하는 일이라고 그를 비난했다. 그들은 자신들이 비참하며 심한 예종 상태에 있고 신적인 것과 대립하고 있다는 의식만을, 즉 인간적 존재와 신적 존재 사이의 뛰어넘을 수 없는 분열의 의식만을 지니고 있는 불쌍한 사람들이다. 이런 그들이 어떻게 한 인간 안에서 신적인 무언가를 인식할 수 있었겠는가?

정신만이 정신을 인식한다. 그들은 예수에게서, 그 형제와 친척이 그들 가운데서 살아 있는 목수의 아들, 나사렛인, 인간만을 보았을 뿐이다. 그는 그 정도였고 그 이상일 수 없었으며 그들과 같은 한 인간에 불과했다. 그리고 그들은 스스로를 하찮은 사람이라고 느꼈다. 유태인들에게 신적인 어떤 것에 대한 의식을 주려는 그의 시도는 유태의 군중에 부딪혀 좌절하지 않을 수 없었다. 신적인 어떤 것, 위대한 어떤 것에 대한 믿음은 똥 속에서는 거주할 수 없기 때문이다. 사자는 호두 안에서 거주할 수 없으며 생명의 총체는 시들어 가는 잎에 깃들 여지가 없다. 산과 산을 보는 눈은 주체와 객체이지만, 인간과 신 사이에나 정신과 정신 사이에는 객체성의 이러한 빈틈이 없다. 한쪽이 다른 쪽을 인식한다는 데에서 한쪽은 다른 쪽에게 한쪽이면서 다른 쪽이다.

아들이 아버지와 맺는 관계를 객체적으로 수용하는 한 부문 또는 오히려 이 객체적 수용이 의지에 관해 갖는 형식은, 예수의 경우에 있다고 간주되고 숭배되는 분리된 인간적 본성과 신적 본성 사이의 연관 속에서 신과의 어떤 연관을 자기 자신에 대해서도 발견하는 것이고, 전적으로 부등한 것들 사이의 사랑, 즉 기껏해야 동정일지 모를 인간에 대한 신의 사랑을 희망하는 것이다. 예수가 아들로서 아버지와 맺는 관계는 자식의 관계다. 본질에서, 정신에서 아들은 자신 안에 살고 있는 아버지와 하나임을 느끼고 있기 때문이다. 그리고 그 관계는 인간이 세계의 부유한 지배자와 맺고 싶어 하는 유치한 관계와는 유사성이 없다. 그는 그 지배자의 생명을 완전히 낯설게 느끼며, 시혜 받은 물건에 의해서만, 부자의 식탁에 떨어진 빵부스러기에 의해서만 그 지배자와 연결된다.

신적인 것에 대한 믿음

아들이 아버지와 맺는 관계로서 예수의 본질은 참으로 신앙으로써만 파악될 수 있다. 그리고 예수는 자신에 대한 신앙을 그의 민족에게 요구했다. 이 신앙은 자신의 대상인 신적인 것을 통해 자신의 특성을 보인다. 현실적인 것에 대한 신앙은 여하한 객체, 제한된 것의 인식이다. 그리고 객체가 신과는 다른 것이듯이 이 인식도 신적인 것에 대한 신앙과는 상이하다. "신은 영(Geist, 靈)이고 신을 숭배하는 자들은 영과 진리 안에서 신을 숭배하지 않으면 안 된다." 그 자신이 영이 아닌 자가 어떻게 영을 인식할 수 있겠는가? 영에 대한 영의 관계는 조화의 감정이고 영들의 합일이다.

이질적인 것이 어떻게 합일될 수 있겠는가? 믿는 자 자신 안에 신적인 것이 있어야만 그것에 대한 신앙은 가능하다. 게다가 이 신적인 것은 그것이 믿는 것 안에서 자기 자신, 그 자신의 본성을 재발견한다. 비록 이 발견된 것이 그 자신의 본성이라는 의식을 그것이 갖지 않는다고 하더라도. 어떤 사람 자체 안에도 빛과 생명이 있고 그는 빛의 소유자이기 때문이다. 그리고 바깥으로부터 올 뿐인 광채를 띠는 어두운 물체처럼 그는 빛에 의해서 비추어지는 게 아니라 그 자신의 불의 연료가 타 들어가서 그 자신의 불꽃을 이룬다. 암흑, 즉 신적인 것으로부터 멀리 떨어져 있고 현실 아래에 사로잡혀 있는 상태와 그 자신의 전적으로 신적인 생명, 즉 자기 자신에 대한 신뢰 사이의 중간 상태가 신적인 것에 대한 신앙이다. 신적인 것에 대한 신앙은 신적인 것의 예감, 인식이며, 신적인 것과의 합일을 향한 욕구, 동등한 생명에 대한 욕망이다. 그러나 이 신앙은 인간의 의식의 모든 세부에 침투하고 그가 세상과 맺는 모든 관계를 바로잡아 그의 온 존재 안에서 휘몰아치는 신적인 것의 강함은 아직 아니다. 따라서 신적인 것에 대한 신앙은 믿는 자의 본성이 지니는 신성으로부터 유래한다. 신성의 양태만이 신성을 인식할 수 있다.

예수가 사도들에게 "사람의 아들인 내가 누구라고 하던가?"라고 물었을 때, 그의 벗들은 유태인들의 견해를 말해주었다. 유태인들은 예수에게 신적인 영광을 부여함으로써 그를 인간 세계 너머로 높였으면서도, 그들은 현실로부터 빠져나올 수 있었던 게 아니라 그들이 부자연스러운 방식으로 그와 결부시킨 한 개인만을 그에서 보았다. 그러나 자신이 예수 안에서 신의 아들을 인식한다는 인간의 아들에 대한 신앙을 베드로가 고백했을 때, 예수는 그에게 축복을 주었다. "다른 사람들에게는 요나의 아들 시몬이지만 하늘에 계신 아버지가 이것을 그에게 계시했으므로 사람의 아들인 그에게 축복을 주노라." 신적인 본성의 단순한 인식을 위해서는 어떠한 계시도 필요하지 않았다. 기독교 신자들은 대부분 이러한 인식을 배운다. 즉 예수가 신이라는 추론은 기적 등으로부터 아이들에게 제시된다. 이러한 배움과 신앙의 수용을 신적인 계시라고 사람들은 부를 수 없다. 여기에는 명령과 채찍이 작용하고 있다. "하늘에 계신 내 아버지가 그것을 너에게 계시했다." 네 안에 있는 신적인 것이 나를 신적인 것으로 인식했다. 너는 나의 본질을 이해했다. 나의 본질은 너의 본질에 메아리쳐서 너의 본질과 어우러졌다.

세상 사람들 가운데서 요나의 아들인 시몬으로 통하고 있는 자를 예수는 베드로, 즉 예수의 교회의 기반을 닦을 바위로 삼는다. 예수는 맺고 푸는 그 자신의 권력을 이제 베드로에게 맡긴다. 그 권력은 신적인 것을 순수하게 자신 안에 품고 있는 본성에만 마땅히 귀속되어 신적인 것으로부터의 어떠한 멀어짐도 인식할 수 있는 권력이다.

이제부터 너의 판결과 다른 판결은 하늘나라에는 없다. 네가 지상에서 자유롭거나 묶여 있다고 인정하는 것은 하늘의 눈앞에도 그렇다. 이제야 비로소 예수는 자신의 임박한 운명에 대해서 사도들에게 감히 이야기하려고 한다. 그러나 스승의 신성에 대한 베드로의 의식은 오직 신앙으로서의 특성을 곧장 보인다. 이 신앙은 신적인 것을 느끼긴 하지만 아직은 이 신적인 것을 통한 온 존재의 충만도 아니고 성령의 영접도 아니다.

예수의 개체성

예수에 대한 그의 벗들의 신앙이 신의 탓이라는 생각은 자주 반복되는 사고방식이다. 특히 요한복음 17장에서 예수는 그들을 신이 자기에게 맡긴 사람들이라고 자주 부른다. 아울러 요한복음 6장 29절에서 예수는 신을 믿는 것을 신의 작업, 신적인 작용이라고 부른다. 신적인 작용은 배우고 훈육되는 것과는 전혀 다른 어떤 것이다. 요한복음 6장 65절, "내 아버지가 나에게 오는 걸 허락하지 않는다면, 아무도 나에게 올 수 없다".

그러나 이 신앙은 예수와 관계를 맺는 첫 단계일 뿐이다. 예수와의 관계가 완성에 이를 때 이 관계는 예수의 벗들이 예수와 하나일 정도로 친밀하게 표상된다. "너희들 자신이 빛을 가질 때까지, 너희들이 빛의 자식이 되도록 빛을 믿어라."(요한복음 12장 36절) 겨우 빛에 대한 신앙만을 가지고 있는 자들과 스스로 빛의 아이들인 자들 사이에는, 단지 빛을 증언하기만 했던 세례자 요한과 하나의[105] 개체화된 빛인 예수 사이와 같은 차이가 있다. 예수가 영원한 생명을 자

---

105) (헤겔이 삭제한 문장) dem(정관사).

신 안에 가지듯이, 예수를 믿는 자(요한복음 6장 40절)도 무한한 생명에 도달할 것이다.

예수와의 생동하는 합일은 요한이 보고한 그의 최후의 담화에서 가장 명료하게 서술되어 있다. 즉 그들은 예수 안에 있으며 그는 그들 안에 있다. 그들은 모두 합쳐 하나다. 그는 포도나무 줄기이고 그들은 덩굴이다. 동일한 본성이, 전체 안에 있는 생명과 동등한 생명이 부분들 안에 있다. 예수의 벗들의 이 완성이야말로 그가 자신의 아버지에게 청한 일이고 그가 그들로부터 떠나갈 때 그들에게 주기로 약속한 것이다. 그가 그들 가운데 생존해 있었던 동안은, 그들은 믿는 자로 머물렀을 뿐이다. 그들은 자기 자신에 의거하지 않았기 때문이다. 예수는 그들의 스승이며 주인이었고 그들이 의존하는 하나의 개체적 중심이었다. 그들은 아직 그들 자신의 독립적인 생명을 갖지 않았다. 예수의 정신이 그들을 지배했지만, 예수가 떠나간 뒤에 이러한 객체성도, 그들과 신 사이의 칸막이벽도 무너졌다. 그러고 나서 신의 영은 그들의 온 존재에 생명을 불어넣을 수 있었다.

예수가 요한복음 7장 38절~39절에서 "나를 믿는 자는 그 몸으로부터 생명이 강물처럼 흘러나올 것이다"라고 말할 때, 이것은 미래에 닥쳐올 성령에 의한 빠짐없는 생명 부여를 가리켜서 말한 것이지만, 예수가 아직은 영광을 받지 않기 때문에 그들은 아직 성령을 영접하지 않았다고 요한은 부언한다. 자신들 안에 예수에 대한 신앙이 생명으로 되었고 자신들 안에 신적인 것이 있는 자들의 본질과 예수의 본질 사이에 어떤 차이가 있다는 모든 사상은 제거되지 않으면 안 된다. 예수가 자주 자신을 하나의 탁월한 본성이라고 말할 때, 이것은 유태인들에 대한 대립을 두고 행해진다. 예수는 자신을 그들로부터 분리하는데, 그럼으로써 그는 신적인 것에 관해서도 한 개체의 형태를 보유한다. "**나는** 진리요 생명이다. **나를** 믿는 자는" – 요한복음에서 '나'의 이러한 끊임없고 단조로운 내세움은 유태적 성격에 대한 그의 인격의 분리이긴 하다. 하지만 그가 아무리 유태적 정신에 맞서서 자기를 개체로 만든다고 하더라도 그는 같은 정도로 자신의 벗들을 향해 모든 신적인 인격성, 신적인 개체성을 폐기한다. 그가 그들과 하나가 되려고 할 뿐이고 그들은 예수 안에서 하나가 아니면 안 되기 때문이다.

인간 안에 무엇이 있는가를 예수가 알고 있었다고 요한은 말한다(요한복음 2장 25절). 그리고 본성에 대한 그의 아름다운 믿음의 가장 충실한 거울은 청정무구한 본성을 보았을 때 그가 한 말이다(마태복음 18장 1절 이하). "너희들이 어린이와 같이 되지 않으면 너희들은 신의 나라에 들어가지 못할 것이다." "가장 어린이다운 사람이 하늘나라에서 가장 위대한 사람이다." "그런 어린이를 나의 이름 안에 받아들이는 자는 나를 자신 안에 받아들이는 사람이다." "어린이 안에서 그의 순수한 생명을 느끼고 그의 본성의 성스러움을 인식할 능력이 있는 자는 나의 본질을 느꼈다." "이 성스러운 순수성을 모독하는 자는 목에다 연자 맷돌을 걸고 아주 깊은 바다에 빠져 죽는 편이 낫다." 오, 성스러움에 대한 그러한 훼손의 고통스러운 필연성이여! 아름다운 혼의 가장 심오하고 가장 성스러운 비애, 이 혼의 가장 불가해한 수수께끼는 본성이 파괴되고 성스러움이 더럽혀지지 않을 수 없다는 것이다. 지성에게는 신적인 것과 신과의 하나 됨이 가장 이해하기 어렵듯이, 고귀한 심정에게는 신으로부터의 멀어짐이 그렇다―"너희는 이 보잘것없는 사람들 가운데 **누구 하나라도** 업신여기는 일이 없도록 조심하라. 하늘에 있는 그들의 천사가 하늘에 있는 내 아버지의 얼굴을 항상 살피고 있다고 내가 너희에게 말하기 때문이다." (사람에 호소하는 논증을 제시하자면) 다른 사람들의 천사도 신의 관조 안에서 살아 있는 것으로 여기지 않을 수 없을 것이기 때문이다.

 천사들이 신을 관조할 때에는 아주 행복하게도 많은 것이 합일되어 있다. 무의식적인 것, 미발달된 일체성, 신 안의 존재와 생명은 실존하는 어린이들 속에 있는 신성의 한 양태로 표상되어야 하기 때문에, 신으로부터 그것들은 분리되어 있다. 그러나 천사들의 존재, 그들의 소행은 신의 영원한 관조다. 정신, 신적인 것을 그 제한을 벗어나서 묘사하고, 생명체와 제한된 것의 교섭을 묘사하기 위해 플라톤은 순수한 생명체와 제한된 것을 시간의 차이에 따라서 분리한다. 그는 순수한 정신들로 하여금 신적인 것의 관조 안에서 전적으로 살았지만 그 뒤의 지상 생활에서는 천상의 흐릿한 의식만을 지닌 채 살아가도록 한다. 예수는 여기서 자연, 정신의 신적인 것 그리고 제한을 다른 방식으로 분리하면서 합일한다ㅡ천사로서의 어린이다운 정신은, 모든 현실과 현존이 없는 것으로 신 안에서 묘사되어 있는 게 아니라, 신의 아들로서 특수한 자로서 동시에 묘사되어 있다.

직관하는 것과 직관되는 것은 주체와 객체다. 직관하는 것과 직관되는 것의 대립은 관조 자체에서 사라진다. 그것들의 상이성은 분리의 가능성일 뿐이다. 해를 바라보는 데 완전히 몰두하는 어떤 사람은 빛의 감각, 존재자로서의 빛의 감각일 뿐이다. 전적으로 타인의 직관 안에 산 사람은 전적으로 이 타인 자신이고 타인일 가능성밖에 지니지 않을 것이다ㅡ그러나 상실되어 있는 것, 분열되었던 것은 일체성으로, 어린이같이 됨으로 복귀함으로써 다시 획득된다. 그러나 이러한 재합일에 대항해 자신을 확고하게 지키는 것은 자기를 격리했다. 너희들과 아무것도 공유하지 않는 자는 너희들에게 낯설게 될 것이다. 너희들이 그와 교제를 끊는다면, 너희들이 그의 고립 가운데 그에게 묶여 있다고 선언하는 것은 하늘에서도 그렇다. 그러나 너희들이 풀어서 자유롭다고, 동시에 합일되었다고 선언하는 것은 하늘에서도 자유로우며 **하나**이며 신성을 관조하지는 않는다.

예수는 이 일체성을 다른 형태로 서술한다(마태복음 18장 19절). "너희들 중의 두 사람이 어떤 일에 하나가 되어 청한다면 아버지께서 그것이 이루어지도록 해 줄 것이다." '청한다'와 '허락한다'는 말은 원래 객체[πράγματα(물건)]에 관한 합일과 관계된다. 유태인의 일상 언어에는 그런 합일만을 위한 표현들이 있다. 그러나 여기서 객체는 반성된 일치[둘 또는 세 사람의 합치(συμφωνία τῶν δυοῖν ἢ τριῶν) 외에 어떤 다른 것일 수 없다. 그것은 객체로서는 아름다운 관계이며 주체적으로는 합일이다. 본래의 객체들에서는 정신들이 하나일 수 없기 때문이다. 아름다운 관계, 너희들 가운데 둘 또는 셋의 일치는 전체의 조화 안에서도 그렇고, 하나의 소리이며 조화로 울리는 화음이며 조화에 의해 주어져 있다. 그것이 조화 안에 있기 때문에, 그것이 신적인 어떤 것이기 때문에 그것은 **존재한다**.

신적인 것과 이렇게 영적으로 교섭함으로써 일치한 사

람은 동시에 예수와 영적으로 교섭하는 셈이다. "나에게 존재와 영원한 생명이 귀속되고 내가 **존재한다**는 점에서 둘 또는 세 사람이 나의 정신 안에[나의 이름으로(εἰς τὸ ὄνομα μου), 마태복음 10장 41절 참조] 합일되어 있는 경우, 나는 그들의 중심에 **있고** 나의 정신도 그렇다." – 이렇게 단호하게 예수는 인격성에 대해, 그의 완성된 벗들에게 대립된 그의 본질의 개체성에 대해(인격적인 신의 사상에 대해) 반대의 뜻을 표명했다. 이 개체성의 근거가 그들에 맞서는 그의 존재의 절대적 특수성일 것이기 때문이다. 사랑하는 자들의 합일에 관한 어떤 표현도 여기 상응한다(마태복음 19장 5절). "남편과 아내, 이 두 사람은 하나가 된다. 그래서 그들은 이제 더 이상 둘이 아니다. **그러므로** 신이 결합한 것을 인간이 갈라놓아서는 안 된다." 이러한 합일이 남편과 아내의 서로에 대한 근원적 사명에만 관계한다면, 이 근거는 이혼에 반대하는 근거로는 적합하지 않다. 이혼이 앞의 사명, 개념의 합일을 폐기하지 않기 때문이다. 살아 있는 합일이 너덜너덜해진다 하더라도 개념은 남을 것이다. 이 생동하는 합일을 신의 작용, 신적인 것이라고 말한다.

정신의 발전과 그 통일

예수는 유태 민족의 온 정신과 싸움에 들어가서 그의 세계와 완전히 단절했으므로 예수의 운명의 완성은 유태 민족의 적대적 정신에 의해서 압살되는 것 외에 도리가 없었다. 이러한 몰락 속에 있는 사람의 아들에 대한 찬미는 세상과의 모든 관계를 포기한 소극적인 것이 아니라 적극적인 것이다. 이 적극적인 것은 부자연스러운 세상에 그의 본성을 불허했으며, 의식적으로 타락 아래로 몸을 굽혔거나 타락을 의식하지 않고 타락 속에 슬그머니 기어 들어가 굴러 나갔다기보다는 오히려 투쟁과 몰락 속에서 그의 본성을 구조했다.

예수는 자신의 개체가 몰락할 필연성을 의식했고 사도들도 그 필연성을 확신하게끔 애를 썼다. 그러나 사도들은 자신들의 본질을 그의 인격으로부터 떼어 놓을 수 없었다. 그들은 아직 믿는 자일 뿐이었다. 베드로가 바로 사람의 아들에서 신적인 것을 인정했을 때, 예수는 벗들이 자신과의 이별을 깨달아서 그것을 견뎌 낼 수 있다고 믿었다. 따라서 예수는 베드로로부터 그의 신앙을 듣고 난 직후에 그것에 관해 그들에게 말했다. 그러나 그것에 대한 베드로의 공포에서 그의 신앙이 신앙의 완성과는 거리가 있음이 드러난다. 예수의 개체가 떠나간 뒤에야 비로소 그 개체에 대한 그들의 의존이 그칠 수 있었고 그들 자신의 정신 또는 신적인 정신이 그들 자신 안에 존립할 수 있었다. "내가 떠나가는 것이 너희들에게 유익하다"고 예수는 말한다(요한복음 16장 7절).

"내가 떠나지 않으면 성령이 너희들에게 오지 않을 것이기 때문이다. 진리의 성령(요한복음 14장 16절 이하)을 알지 못하기 때문에 세상이 진리의 성령을 받아들일 수 없다. 나는 너희들을 고아처럼 내버려 두지 않겠다. 나는 너희들에게로 오겠고, 내가 살아 있고 너희들도 살아 있을 터이니 너희들은 나를 보게 될 것이다." "너희들은 신적인 것을 이제 더 이상 너희들의 바깥에서만, 내 안에서만 보는 게 아니라, 너희들 안에 스스로 생명을 갖고 있다면, 너희들이 처음부터 나와 함께 있고(요한복음 15장 27절) 우리의 본성이 사랑과 신 안에서 하나라는 것이 너희들 안에 자각될 것이다." "성령은 너희들을 모든 진리로 이끌 것이고(요한복음 16장 13절) 너희들에게 내가 말한 모든 것을 상기시킬 것이다. 성령은 위로하는 자다. 위로를 주는 것이 잃어버린 것보다 더 큰 선 또는 그것과 같은 선을 얻으리라는 희망을 주는 것을 의미한다면, 너희들은 고아로서 뒤에 남겨지지 않을 것이다. 너희들이 내가 떠남으로써 잃어버렸다고 여기는 그만큼 너희들 자신 안에 받을 것이기 때문이다."

예수는 마태복음 12장 31절 이하에서 개체를 전체의 정신과 대조한다. "한 사람(사람의 아들로서의 나)을 모독하는 자는 이 죄를 용서받을 수 있다. 그러나 성령 자체를, 신적인 것을 모독하는 자의 죄는 현세에서도 내세에서도 용서받지 못할 것이다." "마음에 가득 찬 것으로부터(34절) 입이 말한다. 선한 사람은 선한 영(靈)을 마음속에 쌓아 놓고 선한 것을 내놓으며 악한 사람은 악한 영을 마음속에 쌓아 놓고 악한 것을 내놓는다." - 개별자를, 개체로서의 나를 모독하는 자는 나로부터 배척당하지 사랑으로부터 배척당하지 않는다. 그러나 신적인 것으로부터 격리되어 자연 자체, 자연 안에 있는 성령을 모독하는 자의 정신은 자신 속의 성스러움을 스스로 파괴했다. 그래서 그것은 자기의 분리를 지양해서 자기를 사랑으로, 성스러움으로 합일시킬 수 없다.

너희들은 하나의 징조에 의해서 동요될 수 있겠지만 그 때문에 상실된 자연은 너희들에게 회복되지 않는다. 너희들의 본질의 에우메니데스는 두려움에 질릴 수 있겠지만, 추방된 수호령이 너희들에게 남겨 놓은 공허는 사랑에 의해 채워지지 않을 것이다. 오히려 그 공허는 너희들의 푸리아[106]를 다시 잡아당길 것이다. 그리고 그녀들이 지옥의 푸

---

106) (옮긴이 주) 복수에만 광분하는 복수의 여신들.

리아라는 너희들의 의식 자체를 통해서 그녀들은 이제 강화되어 너희들의 파멸을 완성시킬 것이다.

세례

신앙의 완성, 즉 인간이 태어난 곳인 신성으로의 복귀는 인간 발전의 원환을 완결한다. 모든 것이 신성 안에 살고 있으며 모든 생명체는 신성의 아이들이다. 그러나 어린이는 일체성, 연관, 전체적 조화로의 화합을 파괴되지 않았지만 발전되지도 않은 채로 자신 안에 지니고 있다. 어린이는 자신의 바깥에 있는 신들에 대한 믿음과 더불어, 두려움과 더불어 시작한 뒤에 점점 더 많이 행동해 자기를 분리시킨다. 그러나 어린이는 합일을 통해서 근원적인 일체성으로 복귀하지만 이제는 발전되고 스스로 산출되는 느껴진 일체성으로 복귀한다. 그리하여 어린이는 신성을 인식한다. 즉 신의 영이 그 안에 있으며 그의 제한들로부터 나와서 양태를 폐기하고 전체를 회복한다. 신, 아들, 성령! - "너희들은 모든 민족을 신성의 이 관계 안으로, 아버지, 아들 그리고 성령의 관계 안으로 담금으로써, 모든 민족을 가르쳐라(영광을 받은 예수의 최후의 말, 마태복음 28장 19절)."

'담그다'라는 낱말은 물에 잠김, 이른바 세례를 가리키는 게 아니라는 것이 문맥상 이미 명백하다. 세례의 경우에는 주문과 같은 몇 마디 말을 하기로 되어 있다. '가르치다(μαθητεύειν)'라는 낱말도, 추가되는 문장에 의해서 본래의 가르침이라는 개념이 제거되어 있다. 신은 가르침과 배움의 대상이 될 수 없다. 신은 생명이고 생명으로만 파악될 수 있기 때문이다 - 하나인 것, 양태(분리) 그리고 (개념 안이 아니라) 생명과 정신 안의 발전된 재합일의 관계[이름(ὄνομα). 마태복음 10장 41절, "그가 예언자인 한, 즉 예언자의 이름으로(εἰς ὄνομα προφήτου) 한 예언자를 받아들이는 자" 참조로써 그들을 채워라.

마태복음 21장 25절에서, 예수는 말한다. "요한의 세례(βάπτισμα)는 어디서 나왔는가? 하늘로부터 나왔는가, 사람으로부터 나왔는가?" 세례는 정신과 인격의 완전한 축성이다. 그럴 경우에 물속에 담그는 것이 생각될 수 있지만, 그것은 역시 부차적이다. 그러나 마가복음 1장 4절에서는 요한이 그의 정신적 연맹 안으로 받아들이기 위해 사용하는 이 형식에 관한 사상은 완전히 사라진다. 마가복음 1장 4절은 그가 죄의 용서를 위해 회개의 세례를 포고했음을 뜻한다. 8절에서 그는 말한다. "나는 너희들에게 물로 세례를 베풀었지만 그는 성령과 불(누가복음 3장 16절)로 세례를 베풀 것이다[성령과 불 안에서(ἐν πνεύματι ἁγίῳ καὶ πυρί). 마태복음 12장 24절 이하, "나는 신이 보낸 성령으로 마귀를 쫓아낸다(ἐν πνεύματι θεοῦ ἐχβάλλω τὰ δαιμόνια), 신의 영 안에서, 신과 하나가 되어" 이하 참조]." 그는 불과 신적인 영으로써 쇄도해 너희들을 채울 것이다. 성령 안에서(ἐν πνεύματι, 마가복음 1장 8절) 스스로 영으로 충만되어 남들을 축성하는 자는 성령 안으로, 이름 안으로(εἰς πνεῦμα, εἰς ὄνομα, 마태복음 28장 19절)도 그들을 축성하기 때문이다. 그들이 수용하는 것, 그들 안에 생성되는 것은 그들 안에 있는 것과 다른 게 아니다.

요한의 정신에 따라 훈육된 사람들을 물에 담그는 그의 습관(예수에 관해서는 그런 행위가 알려져 있지 않다)은 하나의 의미심장하고 상징적인 습관이다. 넘치는 물속에 잠기려는 갈망만큼 무한자를 향한 갈망, 무한자로 흘러 들어가려는 동경과 동질적일 감정은 없다. 물에 뛰어 들어가는 자는 낯선 것과 직면해 곧장 그 낯선 것이 그를 완전히 둘러싸서 흐르고 그의 육체의 모든 지점에서 감지된다.

그는 세계로부터 제거되어 있고 세계는 그로부터 제거되어 있다. 그는 그가 있는 곳에서 그와 접촉하는 느껴진 물일 뿐이다. 그리고 그가 물을 느끼는 곳에서 그는 존재할 뿐이다. 넘치는 물에는 틈도, 제한도, 다양성이나 규정도 없다. 넘치는 물의 느낌은 가장 분산되지 않고 가장 단순한 느낌이다. 물에 잠긴 자가 다시 공중으로 솟구쳐 오르고 물과 분리되어 이미 물과 나누어져 있지만, 물은 그의 몸 도처에서 뚝뚝 떨어진다. 물이 그를 떠나자마자 그를 둘러싼 세계는 다시 규정성을 받아들인다. 그리고 그는 의식의 다양성 안으로 강화되어 되돌아온다. 우리가 동방의 지평선의 단순하고 형태가 없는 평원과 구름 한 점 없는 파란 하늘을 내다볼 때 우리를 둘러싸고 있는 공기는 느껴지지 않는다. 그런데 사상의 유희는 내다봄과는 다른 어떤 것이다. 물에 잠긴 자에서는 **하나의** 느낌만이 있고, 세계의 망각, 즉 자신으로부터 모든 것을 내팽개치고 모든 것을 뿌리친 고독만이 있다.

마가복음 1장 9절 이하에서는 예수의 세례가 지금까지의 모든 것을 이와 같이 박딜하는 활동으로, 영감을 주어서 새로운 세계로 들여보내는 축성으로 나타난다. 이 새로운 세계 안에서는 새로운 정신을 앞에 두고 현실적인 것이 현실과 꿈 사이에 망설인 채 동요하고 있다. 예수는 요단 강에서 요한에게 세례를 받았다. 그리고 그는 곧장 물에서 솟구쳐 오르면서, 하늘이 갈라지고 성령이 비둘기처럼 자신에게 내려오는 것을 보았다. 그리고 하늘로부터 "너는 내 사랑하는 아들이며 네 안에 있어서 나는 기쁘다"라는 소리가 들려왔다. 그러고 나서 곧장 성령이 예수를 광야로 보냈다. 그리고 그는 40일 동안 그곳에 있으면서 사탄에게 유혹을 받았다. 그는 짐승들과 함께 있었으며 천사가 예수의 시중을 들었다 — 물에서 떠오를 때 그는 최고의 영감으로 가득 차 있지만, 그 영감은 그를 세상에 머무르게 하지 않고 오히려 광야로 내몬다. 거기에서 그의 정신 수양은 현실의 의식을 아직 자신으로부터 떼어 놓지 않았다. 40일이 지나서야 겨우 그는 눈을 완전히 떠서 이러한 절연에 도달하며 확신을 품고 세상으로, 그러나 확고하게 세상과 대결하면서 들어간다.

그러므로 '제자로 삼아서 세례를 베풀어라(μαθητεύσατε βαπτίζοντες)'라는 표현은 깊은 의미를 지니고 있다 — "땅 위와 하늘 안의 모든 권력이 나에게 주어져 있다". (요한복음 13장 31절에 따르면, 유다가 예수를 유태인들에게 팔아넘기기 위해서 모임을 떠난 그 순간에 그는 자신이 영광을 받았음을 이야기한다. 그 시점에서 그는 그보다 더 위대한 그의 아버지에게로 돌아감을 예기했다. 여기에서, 그는 세계가 그에게 관여할 수 있다면 요구할 모든 것으로부터 이미 떠난 것으로 표상된다.) "하늘과 지상에서 모든 권력이 나에게 주어져 있다. 따라서 모든 민족한테 가서 그들을 너희들의 제자로 삼아, 그들을 정화해서 아버지, 아들 그리고 성령의 관계 안으로 끌어들여 물이 물에 잠긴 자를 에워싸고 흐르듯이 이 관계가 그들을 둘러싸서 흐르고 두루 감촉되게 하라 — 그리고 보아라. 세상이 종말에 이를 때까지 나는 항상 너희들과 함께 있을 것이다." 예수가 모든 현실과 인격성으로부터 해방된 것으로 드러나는 이 시점에는 그의 본질의 개체성이나 인격성이 가장 적게 사유될 수 있다. 그는 그들과 함께 있다. 그들의 본질은 신적인 영에 의해서 침투되어 신적인 것 안으로 끌어들여져 정화되어 예수에서 지금 완성되어 있는 신적인 것 안에 살아 있다.

누가는(누가복음 24장 47절) 아버지, 아들 그리고 성령의 관계 안으로 세례 받는 것을 그리스도의 이름에서 회개와 죄의 용서를 포고하는 것으로 훨씬 더 약하게 표현한다 — 이 포고는 예루살렘에서 시작하기로 되어 있는 포고다. "너희는 이 모든 일의 증인이다. 나는 너희에게 내 아버지의 약속을 보내 주겠다." 그리고 그들이 천상으로부터 오는 힘을 받을 때까지 예루살렘 밖에서 그들은 일을 시작해서는 안 된다 — 단순한 가르침은 그 자신의 성령 없이도 포고될 수 있고 일어난 일의 증거에 의해서 뒷받침될 수 있다. 그러나 그런 가르침은 성령의 세례도 축성도 아니다.

마가복음에서는 — 그 최후의 장이 전적으로 참되지 않다 하더라도 그 어조는 특징적이다 — 예수의 이 이별이 훨씬 더 객체적으로 표현되어 있다. 영적인 것은 오히려 거기에서는 통상적인 상투어, 즉 교회의 관습에 의해 사용되는 차갑고 의례적인 말의 표현으로 나타난다. "복음을 선포하라[더 추가할 것 없이, 복음(Evangelium)은 일종의 전문어다. 믿고 세례를 받은 사람은 구원을 받겠지만 믿지 않는 사람은 심판 받을 것이다." '믿고 세례를 받은 사람', 이런 표현은 어떤 종파 또는 교단을 표시하는 데 쓰이는 특정한 말, 즉 그 온 의미가 전제되는 영혼이 없는 말의 외양을 지닌다.

신과 영광을 받은 예수의 영으로 신자들이 충만해져 있는 상태를 표현하기 위해서 "나는 언제나 너희들과 함께 있다"는 영이 충만한 말 대신에, 마가는 현실의 불가사의한 지배, 즉 마귀 쫓기와 신자들이 할 수 있는 그와 같은 행위들에 관해, 영감에 의한 고양도 없고 영적 활력도 없이 무미건조하게 이야기한다. 그 말들은 행위의 혼을 언급하지 않고 행위에 관해서만 이야기할 수 있을 정도로 객체적이다.

신의 왕국

인간들 안에서 이루어지는 신적인 것의 발전은 그들이 성령으로 충만해짐으로써 신과 맺는 관계, 즉 신의 아들들이 되고 그들의 온 존재와 성격의 조화, 그들의 발전된 다양성의 조화 속에서 살고 있는 관계다. 이 조화 속에서 그들의 다면적인 의식이 **하나의** 정신으로, 많은 생명 형태들이 **하나의** 생명으로 화합할 뿐만 아니라, 이 조화에 의해서 신과 유사한 다른 존재자에 대한 칸막이벽도 폐기되고 생동하는 동일한 정신이 상이한 존재자들에게 혼을 불어넣는다. 따라서 이 존재자들은 이제 더 이상 단순히 동등한 게 아니라 하나인 것이며 모임을 구성하는 게 아니라 교단을 이룬다. 그들은 하나의 보편자, 개념 안에서 가령 믿는 자로서 합일되어 있는 게 아니라 생명을 통해서, 사랑을 통해서 합일되어 있기 때문이다. 인간들의 이러한 생동하는 조화, 신 안에서의 영적 교섭을 예수는 신의 왕국이라고 부른다.

　유태 민족의 언어는 예수에게 왕국이라는 낱말을 주었다. 그런데 이 낱말은 인간들의 신적인 합일의 표현에 무언가 이질적인 것을 가져온다. 이 낱말은 지배에 의한 통일, 낯선 이가 낯선 이를 권력으로 지배하는 통일을 나타내기 때문이다. 그런데 이 통일은 순수한 인간 연맹의 신적인 생명과 아름다움으로부터 — 가능한 한 가장 자유로운 것으로부터 — 전적으로 멀리 떨어질 수밖에 없는 통일이다. 예수가 신의 왕국이라는 이 이념을 창설했듯이 이 이념은 종교[107]의 전체를 완성하고 포괄한다. 그리고 이 이념이 인간의 본성을 완전히 만족시켰는지 또는 어떤 욕구가 예수의 제자들을 피안의 어떤 곳으로 몰아대었는지 여전히 우리는 고찰해 보아야 한다. 만인이 신 안에 살아 있다는 공동성은 신의 왕국 안에 있다. 그것은 개념으로 표현된 공동성이 아니라, 사랑, 즉 믿는 자들을 합일하는 생동하는 유대이며, 생명의 이 일체감이다. 이 일체감에서 적대 그 자체인 모든 대립도, 그리고 현존하는 대립들의 합일 - 권리조차도 지양되어 있다.

예수는 말한다. "너희에게 새 계명을 주겠다. 서로 사랑하라. 너희가 사랑하면 세상 사람들이 그것을 보고 너희가 내 제자라는 것을 알게 될 것이다."(요한복음 13장 34절~35절) 본질로서, 영(靈)으로서 반성의 언어로 표현된 이 혼의 우정이 교단을 다스리는 신이며 신적인 영이다. 사랑을 통해 서로 관계를 맺고 있는 사람들의 동아리보다 더 아름다운 이념이 있을까? 전체, 하나로서 신의 영인 - 신의 자식들은 개별자다 - 하나의 전체에 속하는 것보다 더 마음을 고양시키는 이념이 있을까? 이 이념에서 운명이 위력을 가질 것이라는 불완전성이 이 이념에 여전히 있을 수 있겠는가? 또는 이 운명이 너무나 아름다운 노력에 맞서서, 자연의

---

107) (옮긴이 주) 기독교.

도약에 맞서서 미쳐 날뛰는 네메시스[108]이겠는가?

기독교적 사랑의 운명

사람은 사랑할 때 타자 안에서 자기 자신을 재발견했다. 사랑은 생명의 합일이기 때문에 분리, 즉 생명의 형성된 다면성, 발전을 전제한다. 생명이 더욱더 많은 형태 속에서 살아 있을수록, 그만큼 더 많은 지점에서 이 생명은 자신을 합일하고 느낄 수 있으며, 사랑은 더 치열할 수 있다. 사랑하는 자들의 관계와 감정이 다양성에서 더욱 확장될수록, 사랑이 더욱 밀접하게 집중될수록, 사랑은 그만큼 더 배타적이고 다른 생명 형태에 대해 그만큼 더 무관심하다. 사랑의 기쁨은 다른 어떤 생명과도 즐거이 섞이며 이 생명을 인정하지만, 다른 생명에서 개체성을 감지한 경우에는 움츠러든다. 그리고 인간들이 자신들의 교양과 관심에 관해서, 세계에 대한 관계에서 더욱 개별적으로 서 있을수록, 그들 각자가 더 많이 특이성을 가질수록, 사랑은 그만큼 더 자기 자신으로 국한된다. 그리고 행복의 의식을 누리기 위해서, 사랑이

---

108) (옮긴이 주) 복수의 여신.

기꺼이 하듯이 자기 자신에게 이 의식을 주기 위해서는 사랑은 자신을 고립시키지 않으면 안 되고 스스로 적대감조차도 만들어 내지 않으면 안 된다. 그러므로 많은 사람들 가운데서 느끼는 사랑은 어느 정도의 강함, 친밀성만을 허용하고 정신, 관심, 많은 생활 관계들의 동등성, 개체성의 감소를 요구한다.

그러나 생활의 이 공동성, 정신의 동등성은 사랑이 아니므로, 이 공동성, 이 동등성은 확실하고 강하게 표출된 언사를 통해서만 의식될 수 있다. 인식에서나 같은 의견들에서의 일치는 문제가 될 수 없다. 많은 사람들의 결합은 같은 필요에 근거한다. 공동의 것일 수 있는 대상에서, 그 대상으로부터 발생하는 관계들 안에서, 그리고 나서 이 관계들을 추구하는 공동의 노력이나 공동의 활동과 행위 안에서 이 결합은 드러난다. 그 결합은 공동의 소유와 향유 및 같은 문화의 수많은 대상들과 연결될 수 있고 그것들 안에서 자신을 인식할 수 있다. 다수의 같은 목적, 물질적 필요의 온 범위는 합일된 활동의 대상일 수 있고 이 활동 안에서 같은 정신이 나타난다. 그리고 나서 이러한 공동의 정신은 기쁨과 유희에서 자기 자신을 즐기기 때문에, 또한 평온 속에서 자신을 드러내고 자신의 합일을 기뻐하는 데에 흡족해한다.

예수가 죽고 난 뒤 그의 벗들은 함께 모여서 공동으로 먹고 마셨다. 형제 관계에 있는 몇몇 사람들은 서로에 대한 모든 소유권을 철폐했고 다른 사람들도 교단에 대한 풍부한 기부나 희사로 어느 정도 그렇게 했다. 그들은 자신들의 떠난 벗이자 스승에 관해 함께 이야기했으며 공동으로 기도하고 신앙과 용기의 힘을 서로 북돋아 주었다. 그들의 적들은 그들의 모임이 부인을 공유한다고 비방하기도 했다. 그 비방은 그들이 용기와 순수성을 지니고서 정면으로 부딪칠 만하지 않았던 비방이거나 또는 그들이 스스로 부끄러워할 필요가 없었던 비방이다. 많은 자들이 그들의 신앙과 희망에 다른 민족이 동참하도록 하려고 공동으로 모여서 떠나갔다. 그리고 이것이 기독교 교단의 유일한 소행이기 때문에 선교 활동이 기독교 교단에는 본질적으로 고유하다.

이러한 공동의 향유, 기도, 식사, 기뻐함, 믿음 그리고 바람 외에, 신앙 전파와 예배 공동체의 확대를 위한 유일한 활동 외에 엄청난 객체성의 영역이 여전히 놓여 있는데, 이 객체성은 다면적인 범위와 강력한 위력을 지닌 운명을 세워 놓고 다양한 활동을 요구한다. 교단은 사랑의 임무를 수행할 때 가장 심오한 합일이 아니라면 어떠한 합일이라도 업신여기고, 가장 높은 정신이 아니라면 어떠한 정신이라도 경멸한다. 보편적인 인간애라는 현란한 이념의 부자연과 천박은 교단의 열망이 아니므로 그것은 언급할 것까지는 없다. 그러나 교단은 사랑 자체에 머무르지 않으면 안 된다.

공동체적 신앙의 관계와 이 신앙과 관련되는 종교적 행동에서 이루어지는 이 영적 교섭의 표출을 떠나서는, 생명의 다른 측면의 발전이나 목적을 위해서든지 공동의 활동을 위해서든지 간에, 객체적인 것에서의 어떤 다른 결합이라도 교단에게는 낯설다. 또 신앙의 확산과는 다른 무언가를 위해 협력하고 생명의 부분적인 형태들과 다른 양태들 속에서 유희하면서 드러나고 그 자신을 즐기는 어떤 정신이라도 교단에게는 낯설다. 교단은 그런 정신에서 자신을 인식하지 않을 것이다. 만일 그렇게 했다면, 교단은 자신의 유일한 정신인 사랑을 포기했을 것이고 자신의 신에 불충실하게 되었을 것이다. 또한 교단은 사랑을 버렸을 뿐만 아니라 사랑을 파괴했을 것이다. 구성원들이 자신들의 개체성을 갖고 서로 충돌할 위험에 놓이기 때문이다. 그리고 그들의 교양이 상이했으므로, 그들은 그만큼 더 심하게 충돌할 위험에 놓이지 않을 수 없었다. 그럼으로써 그들은 그들의 여러 가지 성격의 영역이나 여러 가지 운명의 위력에 빠져 들어갔다. 그리고 그들이 사소한 어떤 것의 이해와 작은 어떤 일에서 상이한 규정성을 추구한 나머지 사랑은 증오로 전환되고 신으로부터 이반이 일어났을 것이다. 이러한 위험은 활발하지 않고 미발전된 사랑에 의해서만, 즉 최고의 생명이면서 생동하지 않은 채로 머무는 사랑에 의해서만 회피된다. 이리하여 사랑의 범위의 반자연적인 확산은 하나의 모순으로, 가장 두려워할 만하고 수동적이거나 능동적인 광신의 아버지가 되지 않을 수 없었던 그릇된 노력으로 얽혀든다.

자기 자신으로의 사랑의 이러한 제한, 모든 형식들로부터의 사랑의 도피(비록 사랑의 정신이 이것들 안에 숨 쉰다거나 이것들이 사랑의 정신으로부터 발생한다 할지라도), 모든 운명으로부터의 이러한 멀어짐이야말로 바로 사랑의 가장 위대한 운명이다. 그리고 예수가 운명과 연관되어 있고 게다가 가장 숭고한 방식으로 연관되어 있지만 운명 때문에 괴로워했던 점이 여기에 있다.

예수의 운명

약삭빠른 사람들이 몽상가라고 부르는, 신적으로 영감을 받은 인간[109]의 용기와 신앙을 품고서 예수는 유태 민중 가운데 등장했다. 그는 독자적 정신을 지니고서 참신하게 등장

---

109) (헤겔이 삭제한 문장) 이 인간은 어떤 위대한 목적을 위한 고귀한 활동에 놓인다.

했다. 세상이 돌아가기로 되어 있었던 대로 예수 앞에 그것이 놓여 있었다. 그런데 그가 발을 들여놓은 세상과의 최초의 관계는 그것이 다르게 되도록 호소하는 것이었다. 그는 모든 사람에게 "회개하라. 신의 왕국이 가까이 있기 때문이다"라고 외치면서 시작했다. 생명의 불티가 유태인들 속에 잠자고 있다면, 그들의 하찮은 직함과 요구를 다 태워 버릴 불꽃으로 활활 타오르기에는 한 모금의 입김밖에 필요하지 않았을 것이다.

그들이 현실에 대한 불만과 불안에 빠졌을 경우에 무언가 더욱 순수한 것을 향한 욕구가 그들 안에 놓여 있었다면, 예수의 부름은 신앙을 찾았을 것이고 이 신앙은 믿어지는 것을 즉각적으로 현존하도록 했다. 그리고 그들의 신앙과 함께 신의 왕국은 현존했을 것이다. 그들의 마음속에 발전되지 않고 의식되지 않은 채로 있는 것을 예수가 그들에게 단순히 말로 표현했을 뿐이다. 말씀을 발견하고 욕구를 의식함에 따라 속박은 무너져 사멸된 생명의 경련이 낡은 운명으로부터 가까스로 일어났다. 그리고 새로운 것이 거기에 나타났다.

그러나 유태인들은 지금까지의 사정과는 다른 어떤 것을 과연 원하긴 했다. 하지만 예수가 그들에게 제공했던 것에서 그들이 추구했던 것을 발견하기에는 노예 상태의 우쭐

거림에 너무 깊이 빠져 있었다. 그들의 반작용, 즉 예수의 부름에 응해서 그들의 정신이 준 대답은 아주 불순한 주의였다. 소수의 순수한 영혼들이 교화를 받으려는 충동을 갖고서 그를 따랐다. 위대한 선량한 마음씨를 지니고서, 순수한 몽상가의 신앙을 품고서 예수는 그들의 갈망을 만족된 심정이라고, 그들의 충동을 완성이라고, 대개 뛰어나지 않았던 여태까지의 몇몇 관계들에 대한 그들의 단념을 자유와 치유된 운명 또는 정복된 운명이라고 간주했다.

그들과 알게 된 직후에 그는 그들이 신의 왕국의 더욱 광범위한 알림에 응할 능력이 있으며 그의 민중이 이 알림에 따를 만큼 성숙했다고 여겼기 때문에, 그는 그의 부름이 몇 갑절로 울려 퍼지게 하기 위해서 나라 안 여기저기에 제자들을 둘씩 짝지어 파견했다. 그러나 신적인 영은 그들의 설교에 나타나지 않았다. 훨씬 더 긴 교제 뒤에도 그들은 왜소하고 적어도 순화되지 않은 영혼을 여전히 아주 자주 보이고 이 영혼의 몇몇 부문에만 신적인 것이 침투했을 뿐이다. 그들이 포함하고 있는 소극적인 것을 제외하고 그들의 가르침 전부는 신의 왕국이 가까움을 알리는 것이었다. 그들은 곧 다시 예수 곁으로 모이지만 예수의 희망과 그들의 사목 활동의 어떤 효과도 사람들은 엿볼 수 없다. 그의 호소를 받아들일 때의 냉담은 곧 그에 대한 증오로 전환된다. 이 증오가 그에게 미친 효과는 그가 살고 있는 시대와 그의 민중을 향한 늘 상승하는 분노였고, 특히 그의 국민의 정신이 가장 강하고 열렬하게 머물렀던 사람들, 즉 바리새인과 민중의 지도자들을 향한 증오였다.110)

---

110) (연속되는 초고) 생명의 모든 형식, 그것의 최고로 아름다운 형식조차도 더럽혀져 있었기 때문에, 예수는 어떠한 형식에도 관여할 수 없었다. 아름다움과 자유 자체로부터 발생하는 관계 외의 관계는 그의 신의 왕국에서는 있을 수 없었다. 생명의 관계들은 그의 민중 사이에서는 율법과 이기적 정신의 예속 상태에 있었다. 그는 유태 종족이 자신의 족쇄를 보편적으로 내던지는 것을 기대하지 않았던 것처럼 보인다. 따라서 예수는 성스럽지 않은 것과 성스러운 것의 투쟁을 예견했고 이 투쟁의 철저한 잔혹성을 두려워했다. "나는 세상에 평화를 주러 온 게 아니라 칼을 주러 왔다. 나는 아들이 아버지에 맞서서, 딸이 어머니에 맞서서, 며느리가 시어머니에 맞서서 서로 다투게 하려고 왔다. 아버지나 어머니를, 아들이나 딸을 나보다 더 사랑하는 자는 나에게 어울리지 않는다"라고 그는 말한다. 그는 자연의 모든 인연이 소름 끼치도록 잡아 찢기는 것을 직시할 수 있었다. 이런 아름답고 자유로운 관계들은 동시에 가장 신성하지 않은 것에 연결된 족쇄였고 그 족쇄 안으로 포악한 행위 자체가 얽혀 들어가 있었기 때문이다. 완전히 순수한 심정만이 고통이나 연민 없이 순수한 것과 불순한 것을 가를 수 있다. 더욱 불순한 심정은 양자를 고집한다. 불순한 것과 순수한 것의 이런 융합을 파괴할 때 순수한 것도 손상되며 불순한 것과 함께 짓밟힌다. 그러나 이 혼합 때문에 예수는 홀로 신의 왕국에 살 수 없었다. 그는 그의 가슴속에서만 신의 왕국을 품고 다닐 수 있었다. 사람들을

그들을 향한 그의 말투는 그들을 자기와 화해시켜서 그들의 정신에 얼마간 접근하려는 시도가 아니라, 그들을 향한 그의 분노의 격렬한 폭발이자 그에게 적대적인 그들의 정신의 가면을 벗겨 내는 것이다. 그는 이 정신에 대해 회개의 가능성을 믿고서 결코 행동하지 않는다. 그들의 성격 전체가 그에게 저항했을 때에는, 그가 종교적 사항에 관해 그들과 함께 이야기할 기회가 있을 경우 반박과 가르침으로 끝낼 수 없었다. 그는 사람에 호소하는 논증으로만 그들을 침묵시켰고, 그들과 대립하는 진리를 그 자리에 있는 다른 사람에게로 방향을 돌려 말을 걸었다.

제자들이 그에게 돌아온 뒤라고 여겨지지만(마태복음

교화하기 위해서 그는 사람들과의 관계에 들어갈 수 있었을 뿐이다. 유일하며 양쪽으로부터 동등하고 자유로운 관계를 통해서 그는 유태적 율법 제도라는 직물 전체와 결탁해 있었다. 그리고 자신의 관계들을 파열하거나 훼손하지 않기 위해서 그는 그 직물의 실에 얽혀 들어가지 않으면 안 되었다. 따라서 예수는 자신을 어머니, 형제와 친척으로부터 고립시켰다. 그는 여자를 사랑해서도 안 되었고 아이를 낳아서도 안 되었다. 그가 이 모든 생활 형식을 포기함으로써만 자신을 순수하게 보전할 수 있었다. 이 모든 형식은 속된 것에 오염되어 있기 때문이다. 그리고 그의 신의 왕국은 지상에서는 들어설 여지가 없었기 때문에 그는 그것을 하늘로 옮겨 놓지 않으면 안 되었다.

11장), 그는 민중을 외면하여 돌아보지 않고 "신은 단순한 사람에게만 계시한다"고 느꼈다(25절). 그리고 그는 자기 자신을 민중의 운명과 단절하고 그의 벗들을 이 운명으로부터 떼어 놓기 때문에, 이제부터 그는 개별자에 대한 작용으로 자신을 제한하며 민중의 운명을 건드리지 않은 채 내버려 둔다. 예수가 세상이 바뀌지 않았다고 보는 한, 그는 그만큼 멀리 세상과 세상과의 모든 관계로부터 도피한다. 설령 그가 그의 민족의 온 운명과 충돌한다 하더라도, 그의 태도가 그 운명에 모순되는 것처럼 보일 때조차, 그는 그 운명에 대해서 수동적인 태도를 취한다.

로마인에게 세금을 바쳐야 하는 자신들의 운명의 측면을 유태인들이 예수를 향해 언급했을 때, 그는 "카이사르의 것은 카이사르에게 주어라"고 말한다. 그와 그의 벗들이 유태인들에게 부과된 공세(貢稅)를 납부해야 했다는 것이 그에게 모순적으로 보였다 하더라도, 그는 충돌을 야기하지 않기 위해 베드로에게 공세를 납부하라고 분부했다. 그가 국가와 맺은 유일한 관계는 국가의 재판권 내부에 체류하는 것이었다. 그리고 이 위력이 그에게 미친 결과에 그는 그의 정신의 모순을 의식적으로 지니고서 수동적으로 굴복했다.

신의 왕국은 이 세상의 것이 아니다. 그렇지만 이 세상이 신의 왕국에 대립하는 것으로서 현존하는지 또는 실존하지 않고 가능할 뿐인지는 신의 왕국에서는 큰 차이가 있다. 전자가 실정이었고 예수는 의식적으로 국가로부터 고통을 받았다. 그리하여 국가에 대한 이 수동적 관계와 함께, 생동하는 합일의 위대한 측면, 즉 신의 왕국의 구성원들을 위한 중대한 끈이 이미 절단되어 있다. 게다가 아름다움의 연맹이 갖는 소극적 성격인 자유의 일부분, 다수의 활동적 관계들, 생동하는 관계들도 상실되어 있다. 신의 왕국의 시민은 적대적인 국가에 대립되고 이 국가로부터 배척당하는 사인(私人)이 된다. 더군다나 그런 합일에서 결코 활동적이지 않았으며 결코 이러한 연합과 자유를 즐기지 않았던 자들에게, 특히 그 국민적 관계가 주로 소유에만 관련하는 자들에게, 생의 이러한 제한은 생의 약탈로 나타나기보다는 오히려 스스로 자유롭게 포기될 수 있는 외적 사물을 지배하는 어떤 낯선 위력이 휘두르는 강제력으로 나타난다.

다수의 관계들에서, 즐겁고 아름다운 유대의 다양성에서 상실되어 없어지는 것은 개인적 특유성에 대한 편협한 의식과 고립된 개체성에서의 획득을 통해서 상쇄된다. 한 국가에 의해 정초된 모든 관계들이 신의 왕국이라는 이념으로부터 배제되어 있다. 이 관계들은 신적인 연맹의 생동하는 관계보다도 한없이 더 낮게 위치하고 있고 그런 연맹에 의해 경멸될 수 있을 뿐이다. 그러나 국가가 현존하고 예수 또는 교단이 국가를 폐지할 수 없었을 때, 예수의 운명과 이 점에서 예수에 충실하게 머무는 교단의 운명은 자유의 상실, 생명의 제한, 낯선 위력의 지배를 받는 수동성으로 머문다. 세상 사람들은 이 수동성을 경멸했지만, 예수가 이 낯선 위력으로부터 필요로 했던 근소한 것, 즉 그의 민중 사이에서의 생존을 이 수동성이 그에게 조건 없이 허용했다. 생명이라고 불릴 수 있는 게 아니라 생명의 가능성이라고 불릴 수 있는 이 측면[111]을 제외하고는 유태적 정신은 생명의 모든 양태를 점령했을 뿐만 아니라, 이 양태들 속에서 자신을 국가로서의 율법으로 삼아 자연의 가장 순수하고 직접적인 형태를 확고한 율법 제도라는 불구로 만들었다. 가장 사심이 없는 사랑으로부터, 따라서 최고의 자유로부터 생기며 아름다움에 의해서만 자신의 현상 형태와 세계에 대한 자신의 관계를 보존하는 것 외의 어떤 관계도 신의 왕국에서는 존재하지 않는다.

유태적 생의 오염 때문에 예수는 신의 왕국을 가슴속에만 품고 다닐 수 있었다. 사람들을 교화하기 위해서, 그가 그들 안에 있다고 믿은 선량한 정신을 발전시키기 위해서, 그들의 세계가 그의 세계일 사람들을 최초로 창조하기 위해

---

111) (옮긴이 주) 근소한 물질적 생존.

서 그는 인간들과의 관계에 들어갈 수 있었을 뿐이다. 그러나 현실 세계에서 그는 모든 살아 있는 관계를 피하지 않으면 안 되었다. 그 관계들 모두가 죽음의 법칙 아래 놓여 있었고 사람들은 유태적 기질의 폭력 아래에 갇혀 있었기 때문이다. 그가 양쪽으로부터 자유로운 관계에 들어섰더라도 그는 유태적 율법 제도라는 직물과 결탁해 있었다. 그리고 그가 들어간 관계를 더럽히거나 잡아 뜯지 않기 위해서 그는 그 직물의 실에 휘감기지 않으면 안 되었다. 그리하여 생명의 어떠한 양태도 속박되어 있기 때문에 그는 공허 안에서만 자유를 발견할 수 있었다.

그 때문에 예수는 자신의 어머니, 형제들 그리고 친척들로부터 자신을 고립시켰다. 그는 여자를 사랑해서도 안 되었고 아이를 낳아서도 안 되었다. 그리고 그는 가장이 되어서도, 다른 시민과 공동생활을 즐길 시민이 되어서도 안 되었다. 예수의 운명은 민중의 운명 때문에 괴로워하는 것이었다. 즉 예수의 운명은 민중의 운명을 자기 운명으로 삼아서 그 필연성을 짊어지고 그들과 즐거움을 나누고 그의 정신을 그들의 정신과 합일하는 것이지만, 그의 아름다움, 신적인 것과 그의 연관을 희생시키는 것이었다. 또는 예수의 운명은 그의 민중의 운명을 자기로부터 밀어내지만, 그의 생명을 미발전된 채로, 향유되지 않은 채로 자기 안에 보존하는 것이었다. 어느 경우에도 본성은 채워지지 않는다. 앞의 경우에 그는 본성의 파편들만을 느끼고 이 파편들조차도 오염되었다고 느낄 것이다. 뒤의 경우에 그는 본성을 온전하게 의식할 것이지만 그 본질이 최고의 진리인 현란한 그림자로서만 본성의 형태를 인식할 것이다. 그리고 그는 이 본질을 느껴서 소행과 현실에서 이 진리를 소생시키는 것을 단념할 것이다.

예수는 그의 본성과 세계의 분리라는 후자의 운명을 선택했다. 그리고 그는 벗들에게 동일한 운명을 요구했다. "아버지나 어머니를, 아들이나 딸을 나보다 더 사랑하는 자는 나에게 어울리지 않는다." 그러나 그가 이 분리를 더 깊이 느낄수록 그는 이 분리를 평온하게 견딜 수 없었다. 그리고 그의 활동은 세상에 맞서는 그의 본성의 대담한 반작용이었다. 그리고 그의 투쟁은 순수하고 숭고했다. 그는 투쟁의 온 범위에 걸쳐서 운명을 인식했고 운명과 대면했기 때문이다. 타락에 맞서는 예수와 그가 창설한 교단의 저항은 자기 자신에게, 그리고 타락으로부터 한층 더 자유로운 정신에게 타락을 깨우쳐 주고 타락의 운명을 자신과 갈라놓을 수밖에 없었다.

순수하지 않은 것과 순수한 것의 싸움은 장엄한 광경이다. 그러나 성스러운 것 자체가 성스럽지 않은 것으로부터 괴롭힘을 당할 때, 그리고 성스러운 것 자체가 여전히 운명에 사로잡혀 있기 때문에 양자의 융합이 순수하다는 자만심을 갖고서 운명에 맞서 미쳐 날뛸 때 그 광경은 곧 끔찍스러운 광경으로 전환된다. 예수는 이러한 파괴의 참혹성 전부를 예견했다. "나는 세상에 평화를 주러 온 게 아니라 칼을 주러 왔다. 나는 아들이 아버지에 맞서서, 딸이 어머니에 맞서서, 며느리가 시어머니에 맞서서 서로 다투게 하려고 왔다"라고 그는 말한다. 부분적으로는 운명과 인연을 끊었지만 부분적으로는 운명과 유대하는 것은, 이러한 혼합을 의식하든지 그렇지 않든지 간에, 자신과 자연을 한층 더 무섭게 잡아 찢는다. 그리고 자연과 부자연을 혼합할 때 부자연을 겨냥한 공격은 자연과도 맞닥뜨리지 않을 수 없고, 밀은 잡초와 함께 짓밟히지 않을 수 없다. 자연에서 최고로 성스러운 것 자체가 신성하지 않은 것에 얽혀 들어가 있기 때문에, 이 성스러운 것은 훼손될 수밖에 없다. 그 결과들을 눈앞에 두고서, 예수는 세상으로부터 그의 활동의 운명을 벗어나게 하고 그의 활동의 급격한 움직임을 완화시켜서 몰락하고 있는 세상에게 무죄성에 대한 믿음의 위로를 허용하기 위해서 그의 활동을 삼가기를 고려하지 않았다.

그러므로 예수의 실존은 세상으로부터 분리되어 하늘로 도주하는 것이었다. 그 실존은 공허하게 끝나는 생명을 관념성 안에서 복구하고 항쟁할 때마다 신을 상기하고 올려다보는 것이었다. 그러나 그 실존은 어느 정도는 신적인 것의 실천적 증거였다. 그리고 그런 한 그 실존은 운명과의 싸움이었다. 이 싸움은 일부는 신의 왕국(이것이 나타남과 더불어 세상의 왕국 전체가 자신 안에서 붕괴되었고 사라졌다)의 전파에서 일어났고, 일부는 그가 운명의 개별적인 부분들(직접적으로 국가로서 나타났고 예수에게도 자각되었던 운명의 부분, 예수가 수동적인 태도를 취했던 운명의 부분을 제외하고)과 정면으로 부딪혔을 때 운명의 그 부분들에 대한 직접적인 반작용에서 일어났다.

예수의 운명이 전적으로 그의 교단의 운명은 아니었다. 그의 교단은 여러 사람이 모여 이루어졌지만 그들은 똑같이 세상과 단절되어 살고 있었으므로, 각 구성원은 자신과 뜻이 같은 여러 사람들을 발견했고 함께 모였으며 세상과 멀리 떨어져서 현실 속에서 지낼 수 있었다. 따라서 그의 교단은 세상과의 해후도, 세상과의 격돌도 더 적었으므로, 그들은 세상에 덜 자극되었고 투쟁의 부정적 활동 속에서 살아가는 게 더 적었다. 그런데 긍정적 생활을 향한 욕구는 그들 안에서 더 커졌다. 부정적인 것의 공동체는 아무런 즐거움도 주지 않고 아름다움이 아니기 때문이다.

소유의 폐지, 도입된 공유 재산, 공동 식사는 적극적인 합일이라기보다는 오히려 합일의 소극적인 측면에 속한다. 그들의 연맹의 본질은 인간으로부터 격리되어 서로 사랑하는 것이었다. 이러한 격리와 사랑은 필연적으로 결합해 있다. 이런 사랑은 개체성의 합일일 리도 없었고 개체성의 합일일 수도 없었다. 오히려 그것은 신 안에서, 그리고 오직 신 안에서만 합일하는 것이었다. 현실을 자기에게 대립시키고 현실로부터 자기를 격리하는 것만이 신앙에서 합일될 수 있다. 이로써 이런 대립은 고정되었고 연맹 원리의 본질적인 한 부분이 되었다. 그리고 생의 어느 형태라도 지성에 의해 대립될 수 있게 되어 그 객체로, 하나의 현실로 파악될 수 있기 때문에 사랑은 생동하게 됨이 없이, 생활의 형태들 안에서 드러남이 없이 사랑의 형식, 신에 대한 신앙의 형식을 늘 보유하지 않으면 안 되었다. 그리고 세상에 대한 관계는 세상과의 접촉에 대한 불안, 즉 모든 생의 형식에 대한 두려움이 될 수밖에 없었다. 각각의 생의 형식은 형태를 띠는 **한** 측면에 불과하므로, 어떠한 생의 형식에서도 그 결함이 보일 수 있고 이 결함이 있는 것은 세상의 한 몫이기 때문이다. 그러므로 교단의 연맹은 어떤 운명의 화해도 발견하지 않았다. 그러나 그것은 아름다움 안에 있는 양극단의 중심을 발견한 게 아니라 유태적 정신의 대립된 극단을 발견했다.

유태적 정신은 자연의 양태들, 생명의 관계들을 세속적 현실로 고정시켰다. 그러나 유태적 정신은 지배자의 산물로서 세속적 현실을, 이 양태들의, 이 관계들의 궁핍을 부끄러워하지 않았을 뿐만 아니라 유태적 정신의 긍지와 생명은 세속적 현실의 점유였다. 기독교 교단의 정신도 스스로 발전하고 스스로를 드러내는 생명의 어떤 관계에서도 세속적 현실을 마찬가지로 보았다. 그러나 이 정신은 사랑의 느낌이었으므로 객체성이 이 정신의 가장 큰 적이었다. 그런데 이 정신은 유태적 정신이 받들어 모셨던 부를 경멸했음에도 유태적 정신만큼 빈약한 채로 머물렀다.[112]

생명을 경멸하는 몽상은 아주 쉽게 광신으로 넘어갈 수 있다. 세상과의 무관계성 안에서 자기를 보존하기 위해 이 몽상은 자기를 파괴하는 것과 불순해 보이는 것(비록 그것이 가장 순수한 것이라고 하더라도)을 파괴하고 그것의 내용, 때로는 가장 아름다운 관계조차도 훼손하지 않으면 안 되기 때문이다. 후기의 몽상가들은 더럽혀져 있기 때문에, 그들은 생의 모든 형식을 경멸하고 이 경멸을 무조건적이고

---

[112] (옮긴이 주) 이 다음의 두 문단은 편집자인 놀이 끼워 넣은 헤겔의 더 이른 원고의 문장이다. 그래서 글의 자연스러운 흐름이 끊어진다.

공허한 무형식 상태로 삼았다. 그리하여 어떠한 자연적 충동도 외적인 형식을 구한다는 이유만으로 그들은 그 충동에 전쟁을 선포했다. 그리고 공허한 통일에 대한 이러한 고집이나 이러한 자살 시도의 효과가 더욱 무시무시할수록, 다양성의 족쇄가 그들의 심정 속에 더욱 확고하게 자리 잡았다. 그들의 심정 속에 제한된 형식들의 의식만이 있었으므로, 그들에게는 잔혹 행위와 약탈에 의해 수행된 공허로의 도주 외에 아무것도 남지 않았기 때문이다. 그러나 세상의 운명이 너무 커져서 이 운명이 자신과 조화하지 않는 교회 안에서, 그리고 이 교회와 나란히 자기를 유지했을 때, 도주는 더 이상 생각할 수 없었다. 그러므로 자연에 맞서는 대위선자들은 세상의 다양성과 생명을 잃은 통일 사이의 부자연스러운 결합, 단순한 정신과 모든 제한된 법률적 관계들 및 인간적인 덕 사이의 부자연스러운 결합을 찾아내어 보존하려고 했다. 그들은 어떠한 시민적 행동을 위해서도, 또는 쾌락과 욕망의 어떠한 표출을 위해서도 통일에서 피난처를 고안했으며, 기만에 의해 어떠한 제한이라도 스스로 보존하면서 즐기지만 그것을 동시에 멀리했다.

    예수는 유태인과 함께 사는 것을 경멸했지만 동시에 그의 이상을 갖고서 늘 유태인의 현실과 투쟁했기 때문에, 그가 이 현실 아래에 쓰러지는 것은 불가피했다. 그는 그의 운명의 이 전개로부터 벗어나지 않았지만 물론 그것을 쫓지도 않았다. 자신을 위해서만 몽상하는 어느 몽상가에게도 죽음은 탐탁스럽다. 그러나 하나의 위대한 계획을 위해 몽상하는 자는 그의 계획이 전개되어 나가기로 되어 있었던 무대를 고통을 안고서만 떠날 수 있다. 예수는 그의 계획이 그르쳐지지 않을 것이라고 확신하면서 죽었다.

기독교 교단의 운명

생명의 양태들을 일정한 규정을 갖는 상태들로 전환하고 따라서 그것들과의 관계를 범죄로 전환하는 세상에 대한 대립, 즉 기독교 교단의 운명의 부정적 측면에 사랑의 끈이라는 긍정적 측면이 마주 서 있다. 사랑이 교단 전체로 확산됨으로써 그것의 성격은 바뀐다. 사랑이 개체성들의 살아 있는 합일이 아니라 오히려 사랑의 향유가 그들의 상호적인 사랑에 대한 의식으로 제한된다. 서로에 대한 생명의 모든 형식들을 멀리했거나 이러한 형식들을 사랑의 보편적 정신에 의해서만 규정했던 교단, 즉 이러한 형식들 안에 살지 않았던 교단을 그들이 구성했다는 점에서, 공허한 생명으로 도주함으로써 운명으로부터 면제되는 상태는 교단의 구성원들에게 쉬워졌다.

 이러한 사랑은 신적인 정신이지만 아직 종교는 아니다. 그것이 종교가 되기 위해서는 동시에 어떤 객체적 형식을 띠고 나타나지 않으면 안 되었다. 느낌, 주체적인 것인 이 사랑은 표상된 것, 보편적인 것과 융합하고, 그럼으로써 예배가 가능하고 예배에 어울리는 한 존재자의 형식을 획득하지 않으면 안 되었다. 주체적인 것과 객체적인 것을 합일하고 느낌과, 대상을 향한 느낌의 요구를 상상력에 의해서 하나의 아름다운 것, 즉 하나의 신 안에서 지성과 합일하려는 이 욕구는 인간 정신의 최고의 욕구이자 종교를 향한 충동이다. 신에 대한 신앙은 기독교 교단의 이런 충동을 충족할 수 없었다. 기독교 교단의 신에서는 이 교단의 공통의 느낌만이 발견될 수밖에 없었기 때문이다.

 모든 존재자들이 세상의 신 안에서 합일되어 있다. 교단의 구성원들은 그런 구성원들로서는 세상의 신 안에 존재하지 않는다. 그런 구성원들의 조화는 전체의 조화가 아니다. 그들의 조화가 전체의 조화라면 그들은 특수한 교단을 구성하지 않을 것이고 사랑을 통해서 결합해 있지 않을 것이다. 세상의 신성은 그들의 사랑, 그들의 신적인 것의 표현이 아니다. 종교를 향한 예수의 욕구는 전체의 신에서 충족되어 있었다. 그 신을 향한 그의 우러러봄은 세상으로부터의 도주였으며 그가 세상과 끊임없이 일으키는 충돌이었기 때문이다. 세상에 대립된 것을 그는 필요로 했을 뿐이다. 이 대립된 것에서 그의 대립 자체가 정초되어 있었다. 그 신은 그의 아버지였으며 그와 하나였다.

그러나 그의 교단의 경우에는 세상과의 끊임없는 충돌이 도리어 없어졌고 그의 교단은 세상에 맞서는 활발한 투쟁 없이 지냈다. 그리고 그런 한, 그 교단은 세상에 의해 끊임없이 도발되지 않고 따라서 세상에 대립된 것으로, 즉 신에게로 오로지 도망칠 필요가 없다는 점에서 행복했다. 오히려 그 교단은 자신의 합치, 사랑에서 즐거움, 어떤 실재적인 것, 일종의 생동하는 관계를 발견했다. 각각의 관계는 관계되는 것에 대립되어 있고 느낌은 현실, 또는 주관적으로 표현한다면 현실을 분별하는 능력, 즉 지성을 자신에게 대립된 것으로 여전히 갖고 있으므로, 그것의 결함은 대립하는 양자를 합일하는 어떤 것에서 보충되지 않으면 안 된다.

교단은 교단의 신인 하나의 신을 필요로 한다. 바로 이 신에서 교단의 성격이자 교단의 구성원들의 상호 관계인 배타적 사랑이 바로 드러나 있다. 이것은 신에서 상징 또는 풍유로서, 주체적인 것의 인격화(주체적인 것을 인격화할 경우에 누구나 주체적인 것과 그 표현의 분리를 자각할 것이다)로 드러나 있는 게 아니라, 가슴속에 있으면서 동시에 느낌이며 대상이다. 각 개인은 자신의 느낌을 개별적 느낌으로 의식하게 되더라도, 느낌은 만인에게 스며들어 **하나의 본질**로 머무는 정신을 뜻한다.

사랑의 동아리, 즉 특수한 모든 것에 대한 권리를 포기하고 공동의 신앙과 희망을 통해서만 합일되어 있고 그 향유와 기쁨이 오로지 사랑의 이러한 순수한 일치단결인 심정을 지닌 이들의 동아리는 신의 작은 왕국이다. 그러나 이들의 사랑은 종교가 아니다. 인간들의 사랑이나 일체성은 이 일체성의 표출을 동시에 포함하지 않기 때문이다. 사랑은 인간들을 합일한다. 그러나 사랑받는 자들은 이 합일을 인식하는 건 아니다. 인식을 할 경우에 그들은 격리된 것을 인식한다. 신적인 것이 나타날 수 있으려면, 모든 것이 하나 안에 있으며 인식과 느낌이 완전한 종합, 완성된 조화를 이루어 조화와 조화된 것이 하나이도록 눈에 보이지 않는 영이 눈에 보이는 것과 합일되어 있지 않으면 안 된다. 그렇지 않으면 세계의 무한성에 비해서는 너무 작고 세계의 객체성에 비해서는 너무 크며 충족될 수 없는 충동이, 분리할 수 있는 자연의 전체에 대한 관계에서 남는다.113) 신을 향한 끌 수 없고 충족되지 않는 충동이 거기에 남는다.

---

113) (헤겔이 삭제한 문장) 있는 그대로의 사랑.

예수가 죽은 뒤에 그의 사도들은 양치기 없는 양들과 같았다. 그들에게는 한 친구가 죽었지만 그들은 그가 이스라엘을 해방할 인물(누가복음 24장 21절)이라고 또한 기대했다. 그런데 이 기대는 그의 죽음과 함께 사라졌다. 그는 자신과 함께 모든 것을 무덤 속으로 가져갔다. 그의 정신은 그들 속에서 살아남지 않았다.[114] 그들의 종교, 순수한 생명에 대한 그들의 신앙은 예수라는 개체에 매달렸다.

그는 그들의 살아 있는 끈이자 계시되고 형태를 갖춘 신적인 것이었다. 그들에게는 신도 역시 예수에서 나타났다. 예수라는 개체는 조화의 규정되지 않은 것과 규정된 것을, 그들을 위해서 한 생명체에서 합일했다. 그의 죽음과 더불어 그들은 눈에 보이는 것과 눈에 보이지 않는 것, 정신과 현실적인 것의 분리로 던져졌다. 실로 이 신적인 존재자에 대한 추억이 그들에게 남아 있긴 했지만 이제는 그들로부터 멀리 떨어져 있었다. 그의 죽음이 그들 위로 행사한 힘은 시간이 지남에 따라 그들 속에서 점차 사라졌다.

---

[114] (헤겔이 삭제한 문장) 죽은 지 이틀이 되어 예수는 부활했다. 그리고 신앙이 그들의 심정 속으로 되돌아왔다. 그리고 곧장 성령이 그들 자신 위로 왔고 부활은 그들의 신앙과 구원의 근거가 되었다. 이 부활의 영향이 너무나 컸고 이 사건이 그들의 신앙의 핵심이 되었으므로 부활의 욕구는 그들 안에 아주 깊게 자리 잡았다.

죽은 자는 그들에게는 단순히 죽은 한 사람으로 그치지 않을 것이고 썩어 가는 육체에 대한 비통은 점차로 예수의 신성을 관조하는 일에 길을 비켜 주었을 것이다. 썩지 않는 정신과 더욱 순수한 인간성의 영상이 그의 무덤에서 생겨났다. 그러나 이 정신의 숭배 곁에, 이 영상을 관조하는 즐거움 곁에 이 영상의 생명에 대한 추억이 머물러 있었다. 이 숭고한 정신은 자신과 대립하는 것을 자신의 사라진 실존에서 늘 가졌다. 그리고 상상력 앞에 있는 이 정신의 현존은 종교를 향한 욕구만을 표시했을 어떤 동경과 결부되어 있었다. 그렇지만 교단은 아직 그 자신의 신을 가지지 않았다.

신인 예수

영상이 아름다움으로, 신성으로 되기에는, 영상에는 생명이 결여되어 있었다. 사랑의 공동체 안에 있는 신적인 것에게는, 이런 생명에게는 영상과 형태가 결여되어 있었다. 그러나 부활해 승천하는 예수 안에서 영상은 생명을 다시 발견했고, 사랑은 그것들의 일체성의 표현을 발견했다. 정신과 육체의 이러한 재혼에서는 살아 있는 것과 죽은 것의 대립이 사라졌고 하나의 신 안에서 합일되었다. 사랑의 동경은 자기 자신을 살아 있는 존재자로 발견했으며 이제는 자기 자신을 향유할 수 있다. 이 존재자의 숭배가 이제는 교단의 종교다. 종교를 향한 욕구는 그 만족을 이 부활한 예수, 이 형태화된 사랑 안에서 발견한다.

예수의 부활을 하나의 사건으로 고찰하는 것은 종교와 아무런 관계도 없는 역사가의 관점이다. 그것에 대한 믿음 또는 불신은 종교적인 관심이 없는 단순한 사실로서 지성의 문제다. 지성의 작용인 객관성의 고정이 바로 종교의 죽음이며 지성에 호소하는 것이 종교를 도외시하는 것을 의미하기 때문이다. 그러나 신의 객관적인 측면은 단지 사랑의 한 형태일 뿐만 아니라 독자적으로 존립하고 현실들의 세계 속에서 하나의 현실로서 한 자리를 요구하므로, 물론 지성은 말참견할 권리를 갖고 있는 듯이 보인다. 그리고 그런 까닭에 부활한 예수의 종교적 측면, 형태화된 사랑을 그 아름다움에서 고수하기는 어렵다.

신으로 모심으로써 비로소 그는 신이 되었기 때문에 그의 신성은 현실적인 것으로서도 현존하는 한 사람의 신격화다. 그는 인간적 개체로서 살았고 십자가에 매달려 죽었으며 매장되었다. 인간성이라는 이 오점은 신에게 특유한 형태와는 전혀 다른 어떤 것이다. 신의 객체적인 것, 그 형태는 교단을 합일하는 사랑의 표현일 뿐이고, 이 사랑의 순수한 대응일 뿐이며, 그 자체가 사랑 안에 있지 않은 것(하지만 사랑에 대응된 것으로서만 여기에 있는 것)은 아무것도 포함하지 않고 동시에 느낌이 아닐 것은 아무것도 포함하지 않는 한에서만 객체적이다. 그러나 이로써 부활한 자의 영상, 본질로 된 합일의 영상에 별도의 부차적인 것, 즉 완전히 객체적인 것, 개체적인 것이 부가된다. 이것은 사랑과 짝을 지어야 하지만, 개체적인 것, 대립된 것으로서 확고하게, 지성에 대해 고정된 채로 머물러야 한다. 그럼으로써 그것은 신화(神化)된 자를 지상으로 끌어내리는 납과 같이 그의 발에 늘 매달려 있는 현실이다. 신은 하늘의 무한자, 무제한적인 것과 제한들만의 이러한 집합인 땅 사이, 그 중간을 떠돌도록 되어 있었기 때문이다. 이 중간, 즉 2종의 본성은 혼으로부터 제거될 수 없다. 헤라클레스가 장작더미를 뚫고 나와서만 영웅으로 날아 올라갔듯이, 신화된 자도 무덤을 뚫고 나와서만 신인(神人)으로 날아 올라갔다. 그러나 헤라클레스의 경우에는 형태화된 용기에만, 신이 되어 더 이상 투쟁하지도 봉사하지도 않는 영웅에게만 제단이 봉헌되고 기도가 바쳐진다. 예수의 경우에는 신인에게만 제단이 봉헌되고 기도가 바쳐지는 건 아니다. 부활한 자만이 죄인들의 구원과 그들의 신앙의 환희가 아니다. 설교하고 유랑하며 십자가에 매달린 자도 숭배된다. 이 엄청난 결합을 두고서 그 많은 세기에 걸쳐서 신을 갈구한 수백만의 영혼들이 싸워 지쳐서 순교했다.

현실적 존재가 자신이 신적인 것의 외피이고 무상하다는 것에 만족한다면 노예 형태, 비하 자체는 신적인 것의 외피로서 종교를 향한 충동과 충돌하지는 않을 것이다. 그러나 이 현실적 존재는 여전히 신 곁에서, 그리고 신 안에서 확고하고 영속적으로 머물면서 신의 본질에 속해야 하고, 개체성은 예배의 대상이 되어야 한다. 그리고 무덤 속에서 벗겨진 현실적 존재의 외피는 무덤으로부터 다시 솟아올라와서 신으로서 부활한 자에게 매달렸다.

교단이 현실적인 것에 대해 느끼는 이 슬픈 욕구는 교단의 정신과 이 정신의 운명과 깊은 연관을 갖는다. 교단의 어떠한 생명 형태도 객체의 의식으로 가져오고 이로써 그 형태를 경멸하는 사랑은 부활하는 자 안에서 자기 자신을 형태화된 것으로 인식하긴 했다. 하지만 그는 교단에게는 단순히 사랑은 아니었다. 교단의 사랑은 세상과 절연되어 생명의 발전에서도, 생명의 아름다운 관계에서도, 그리고 자연적인 관계들의 형성에서도 나타나지 않았으므로, 사랑은 사랑이어야 했고 살아 있어서는 안 되었으므로, 사랑에 대한 상호 신뢰가 가능하기 위해서 사랑의 인식을 위한 여하한 기준이 현존해 있지 않으면 안 되었기 때문이다.

사랑 자체가 철저한 합일을 만들어 내지 않았기 때문에 다른 유대가 필요했다. 그런데 그 유대는 교단을 결속하고, 그것 속에서 동시에 교단이 만인의 사랑의 확실성을 발견한다. 교단은 현실에서 자신을 발견하지 않으면 안 되었다. 이 현실은 이제는 신앙의 동등, 가르침을 받고 한 명의 공동의 주인이자 스승을 모신다는 평등이었다. 이것이 교단을 합일하는 것, 신적인 것은 주어진 어떤 것의 형식을 교단에 대해서 갖는다는 교단 정신의 현저한 한 측면이다.

정신에게는, 생명에게는 아무것도 주어지지 않는다. 정신이 받아들였던 것이 정신 자체가 되었다. 정신이 받아들였던 것은 정신으로 넘어가서 이제 정신의 한 양태이며 정신의 생명이 되었다. 그러나 교단의 사랑이 생명을 잃은 상태에서 이 사랑의 정신은 너무 빈약한 채로 남아 있고 자신을 너무 공허하게 느끼기 때문에 그 정신은 자기에게 말을 걸었던 정신을 자신 안에서 충분히 인식할 수도 없었고 자신 속에 살아 있다고 인식할 수도 없었으며 이 정신에게 낯선 것으로 머물렀다. 낯선 것으로 느껴진 낯선 정신과의 결합은 그 정신에 대한 의존의 의식이다.

교단의 사랑은 인간의 집합 전체로 확산됨으로써 그것은 한편으로는 자기 자신을 뛰어넘었고, 따라서 다른 편으로는 이상적 내용으로 가득 차 있었지만 생명을 잃었으므로, 실현되지 않은 사랑의 이상은 교단에 대해서 실정적인 것이었다. 교단은 이 이상을 자기에게 대립된 것으로, 그리고 자신을 이 이상에 의존하는 것으로 인식했다. 교단의 정신 안에는 제자의 의식과 주인과 스승의 의식이 놓여 있었다. 교단의 정신은 형태화된 사랑에서는 완전히 드러나 있지 않았다. 받아들이고 배우며 스승보다 열등했던 이 정신의 측면은, 교단에 마주 서 있는 현실이 동시에 사랑의 형태와 연결되어 있었던 때에, 사랑의 형태 안에서 비로소 자신의 표현을 발견했다. 개별자가 신 안에서 자기 자신을 신과 동등한 것으로 인식하는 게 아니라 합일된 만인의 온 정신이 신 안에 포함되어 있기 때문에 교단에 대립된 이 더욱 높은 것은 신이 필연적으로 갖고 있는 신의 숭고성은 아니다. 오히려 신의 숭고성은 실정적인 것이며, 교단의 정신 안에 의존성이 있는 그만큼 많은 낯선 것, 지배를 자신 안에 갖고 있는 객체적인 것이다. 의존의 이러한 공동체, 즉 한 명의 창설자를 통해 존재하는 공동체에서, 그리고 역사적인 것, 현실적인 것이 공동체의 생명 안으로 이렇게 혼입하는 데서, 교단은 자신의 견실한 유대를, 생동하지 않는 사랑에서는 느껴질 수 없었던 합일의 확실성을 인식했다.

    이것이 세상과 이어지는 모든 인연 바깥에 순수하게 유지되는 사랑에서 모든 운명으로부터 벗어난 것처럼 보였던 그 교단이 운명의 덫에 걸려들었던 점이다. 그러나 이 운명의 중심은 모든 관계를 탈피한 사랑을 교단으로 확산하는 것이었다. 이 운명은 일부는 교단 자체가 확장함에 따라 더욱 발전했고, 일부는 이러한 확장에 의해 점점 더 많이 세상의 운명과 합치했다. 이 운명이 무의식적으로 자기 안으로 세상의 운명의 많은 측면을 수용했을 뿐만 아니라 세상의 운명에 맞서 싸워서 점점 더 자기를 더럽혔기 때문이다.

기적

신적이지 않은 객체에 대해서도 예배가 요구되지만, 어떠한 광휘가 그것을 둘러싸고 비추더라도 그것은 결코 신적인 것으로 되지 않는다.

더욱이 천상의 현상이 인간인 예수를 또한 둘러싸고 있다. 예수의 출생에는 인간보다 더 높은 존재자들이 관여하고 있다. 예수 자신은 변용해서 휘황찬란한 빛의 형태가 된다.[115] 그러나 천상적인 것의 이러한 모습들도 현실적인 것 바깥에

---

115) (헤겔이 삭제한 문장) 그러나 신의 마음에 드는 아들은 늘 한 인간으로 남는다. 그는 비천한 형태로 방랑한다.

있을 뿐이다. 그리고 개체를 둘러싸고 있는 더욱 신성한 존재자들은 대조를 더욱 뚜렷하게 눈에 띄도록 하는 데 이바지할 뿐이다. 하물며 신적인 것으로 간주되고 이 신적인 것 자체로부터 나오는 활동들이 그러한 일시적인 후광보다 그를 더 높은 형태로 올릴 수 있는 건 아니다. 그의 주위에 떠돌 뿐만 아니라 그의 내적 힘으로부터 생기는 기적은 신에 어울리는 속성이고 신을 특징짓고 있는 것처럼 보인다. 기적 안에서 신적인 것은 객체적인 것과 극히 밀접하게 합일되어 있는 것처럼 보인다. 이리하여 완고한 대립과 대립하는 것들의 단순한 결합이 여기서 떨어져 나가는 것처럼 보인다. 저 불가사의한 작용을 인간이 완수한다. 그와 신적인 것은 떼어 놓을 수 없는 것처럼 보인다. 그렇지만 결합이 더욱 밀접해질수록(하지만 이 결합은 합일이 아니다), 결합된 대립자들의 부자연스러움이 한층 더 심하게 눈에 띈다.

행위로서의 기적에서는 지성에 인과관계가 주어진다. 그리고 그 개념의 영역이 승인된다. 그러나 동시에 원인이 결과만큼 규정된 것이 아니라 원인이 무한한 것이어야 하기 때문에 이 영역은 파괴된다. 지성에서 인과관계는 규정성의 동등이므로, 원인과 결과의 대립은 한쪽에서는 이 규정성이 능동이고 다른 한쪽에서는 그것이 수동이라는 것일 뿐이다. 여기에서는 무한한 활동성을 갖춘 무한한 것이 극도로 제한된 결과를 행위 자체에서 동시에 가지도록 되어 있다.

부자연적인 것은 지성 영역의 폐기가 아니라 이 영역이 정립됨과 **동시에** 폐기된다는 것이다. 이제 한편으로 무한한 원인의 정립이 유한한 결과의 정립과 모순되듯이, 무한자는 규정된 결과를 폐기한다. 앞의 경우에는, 지성의 관점에서 본다면 무한자는 부정적인 것, 어떤 규정된 것과 연결되는 무규정자일 뿐이다. 뒤의 경우에는, 우리가 무한자를 하나의 존재하는 것으로 보면 무한자는 작용하는 정신이고, 정신이 작용한 결과의 규정성은 그 결과의 소극적 측면이다. 정신의 행위는 비교하는 다른 관점으로부터 볼 때에만 규정적으로 나타난다. 그러나 그 자체로는, 그 행위의 존재에 따르자면 그것은 규정성의 폐기이며 내재적으로 무한하다.

신이 작용한다면 정신으로부터 정신으로 작용할 뿐이다. 작용은 작용이 미치는 대상을 전제한다. 그러나 정신이 작용한 결과는 대상의 지양이다. 신적인 것이 밖으로 나오는 작용은 신적인 것이 대립된 것을 지양함으로써 자기 자신을 합일 안에서 드러낸다는 발전일 뿐이다. 그러나 기적에서는 정신은 육체에 작용하는 것처럼 보인다.[116] 원인은

---

116) (헤겔이 삭제한 문장) 이런 작용 방식은 바로 신적인 것 자체의 분

형태화된 정신이 아니다. 이 정신의 형태는, 그것이 이 정신의 대립에서 단순히 고찰된다면, 정신과 대등하고 대립할 수 있는 다른 어떤 것, 즉 육체로서 인과관계 안으로 들어갈 수 있을 것이다. 이 인과관계란 정신(정신은 육체와 아무것도 공유하지 않는 한에서만 정신이다)과 육체(육체는 정신과 아무것도 공유하지 않는 한에서만 육체다)의 연합일 것이기 때문이다. 그러나 정신과 육체는 아무것도 공유하지

리를 전제하지만 이 분리는 결합에서조차도 여전히 존속한다. 기적은 죽은 것의 지배라는, 가장 신적이지 않은 것의 표현이다. 그것은 동질의 존재자들의 자유로운 결혼과 새로운 존재자들의 산출이 아니라 정신(정신은 육체와 아무것도 공유하지 않는 한에서만 정신이다)과 육체(육체는 정신과 아무것도 공유하지 않는 한에서만 육체다)의 지배다. 원인과 결과로 연결되어 있는 다른 종류의 것들이 하나의 개념 안에서 하나다. 그러나 정신과 육체, 생과 사는 아무것도 공유하지 않는다. 그것들의 결합은 개념 안에서조차도 가능하지 않다. 그리고 그것들은 원인과 결과로서 결코 한데 모일 수 없다. 그것들은 절대적으로 대립된 것들이기 때문이다. 신적인 것을 원인으로까지 낮춘다고 해서 인간이 신적인 것으로 높아지지 않는다. 기적은 참된 무로부터의 창조(creatio ex nihilo)이며 어떠한 사상도 이것만큼 신적인 것에 적합하지 않다. 그것은 전적으로 낯선 힘의 창조 또는 파괴이기 때문이다. 기적은 참된 원격작용(actio in distance)이다. 그리고 참된 신적인 것 안에 일체성이 있고 평온이 발견된다는 건 아니다. 그리하여 기적의 신적인 것은 자연의 가장 완전한 분열이다.

않는다. 그것들은 절대적으로 대립된 것이다.

정신과 육체의 대립은 그것들의 합일에서 그치기에 그 합일은 하나의 생명, 즉 형태화된 정신이다. 그리고 이 정신이 신적인 것, 분리되지 않는 것으로 작용한다면, 그것의 행위는 근친의 존재자인 신적인 것과의 결혼이며 그 합일의 표현인 새로운 것의 산출, 전개다. 그러나 정신이 어떤 다른 대립된 형태 안에서 적대적인 것, 지배하는 것으로 작용하는 한, 그것은 자신의 신성을 잊어버린다. 그래서 기적은 가장 신적이지 않은 것의 표현이다. 그것은 가장 부자연스러운 것이고 정신과 육체의 엄격한 대립을 그것들이 더할 나위 없이 조야한 상태에서 결합된 채로 포함하기 때문이다. 신적인 행위는 일체성의 복구와 현시다.[117] 기적은 최고의 분열이다.

불사 · 예언

그러므로 변용되어 신으로 고양된 예수와 연합한 현실적 존재를 이 현신(現身)의 불가사의한 활동을 통해 신성으로 높

---

[117] (헤겔이 삭제한 문장) 그리고 자연의 최고의 향유다.

이려는 왕성한 기대는 결코 실현되지 않는다. 그래서 그 기대는 오히려 예수에게 헌신을 이렇게 부가하려는 완고함을 그만큼 더 격화한다. 그러나 그 완고함은 최초의 기독교 교단의 구성원들보다도 우리에게 훨씬 더 크며 우리는 그들보다 훨씬 더 지성적이다. 그들에게는 동방 정신의 숨결이 스며들었고 정신과 육체의 분리는 덜 완성되었으며, 그들은 객체로 간주하고 지성의 처분에 떠넘긴 것이 더 적었다.

그리고 우리가 규정된 사실, 역사적 객관성을 지성으로써 인식하는 곳, 거기에서 그들은 정신을 자주 본다. 그리고 우리가 순수한 정신만을 정립하는 곳, 거기에서 그들은 정신을 육화(肉化)된 것으로 간주한다. 우리가 불사, 더군다나 영혼의 불사라고 부르는 것을 그들이 파악하는 방식은 후자의 고찰 방식의 한 예다. 영혼의 불사는 그들에게 육체의 부활로 나타난다. 두 고찰 방식은 그리스 정신을 사이에 두고 있는 극단들이다. 우리의 극단은 모든 지성에 맞서는 부정적인 것인 영혼을 지성의 객체인 죽은 육체와 대립시키는 이성의 극단이다. 그들의 극단은 육체를 죽은 것으로 간주하면서도 동시에 살아 있는 것으로 정립하는 이른바 이성의 긍정적 능력의 극단이다. 그리스인에게는 육체와 영혼이 **하나의** 살아 있는 형태 안에 존속하긴 하지만, 이와 반대로 두 극단에서는 죽음은 육체와 영혼의 분리다. 두 극단의 한쪽에서는 육체는 영혼에게 더 이상 아무것도 아니며, 다른 쪽에서는 육체는 생명 없이도 존속하는 것이다. 우리가 지성으로써만 현실적인 것을, 또는 — 똑같은 것이지만 — 가령 낯선 정신을 타자에서 인식하는 반면에, 초기의 기독교도들은 그들의 정신을 그것과 혼합한다.

우리는 유태인의 문서에서 과거의 역사, 개별적 상황 그리고 인간의 지나간 정신을 보며, 그들의 예배 행사에서 명령받은 소행을 본다. 이 소행의 정신, 목적 그리고 사상은 우리에게 더 이상 존재하지 않고 진리도 더 이상 갖지 않는다. 유태인들에 대해서 이 모든 것이 여전히 진리와 정신을 가졌지만 **그들의** 진리, **그들의** 정신을 가졌던 셈이다. 그들은 그것이 객체적으로 되는 것을 방치하지 않았다. 그들이 예언자들과 그 밖의 유태 책들의 구절들에 부여한 정신은, (이 구절들의 의미에서) 예언자를 고려해 본다면 현실의 사건에 관한 예언을 그 구절 안에서 찾아내려는 의도도 아니고, 그들의 측면에서 본다면 예언을 현실에 적용하는 것도 아니다. 현실과 정신 사이에는 불확실하고 형태 없는 동요가 있다. 한편으로는 현실 안에서 정신만이 고찰되어 있고 다른 편으로는 현실 자체가 현실로서 현존하지만 고정되어 있지 않다.

예를 하나 든다면, 요한은 예수가 당나귀를 타고 예루살렘에 들어갔다는 사정에다가 영감으로 그런 행진을 통찰했던 예언자의 말을 연계시킨다(12장 14절 이하). 요한은 이 예언자의 말이 예수의 행진에서 진리를 발견하도록 한다. 유태 책들에 나오는 비슷한 구절들이 때로는 그 자체로 틀리게, 원전의 어의에 반해서 인용되어 있고, 때로는 그 문맥에서 구절들이 보존하는 의미에 반해서 설명되어 있기도 하고, 때로는 전혀 다른 현실의 사건, 예언자들과 동시대의 상황과 인간들과 관계하며, 때로는 예언자들의 고립된 영감일 뿐이라는 증명 - 이 모든 증명은 사도들이 예수의 생활 상태와 그들 사이에 설정한 관계의 현실에만 상관하지 그 관계의 진리와 정신에는 상관하지 않는다. 마찬가지로 예언자가 실제로 한 말과 그의 환각이 나중의 현실적 사건을 앞질러서 표현한 것이라는 엄밀하고 객관적인 가정을 해도 그 관계의 진리는 보이지 않는다. 그리스도의 벗들이 예언자들의 환각과 예수의 사건 사이에서 발견한 관계의 정신은, 그 관계가 다만 상황의 유사성의 비교 안으로, 즉 우리가 어떤 상황의 서술에다가 고대 작가의 틀에 박힌 표현을 자주 부가했던 것과 같은 비교 안으로 놓인다면, 너무 빈약하게 파악되는 것이다.

예수가 변용한 뒤에야, 성령이 자신들 위로 내려온 뒤에야 비로소 예수의 벗들이 이 관계들을 인식했다는 것을 위에 인용한 예에서 요한은 명확하게 말한다. 그가 이 관계에서 단순한 착상, 상이한 것들의 단순한 유사성을 보았더라면 이런 부언은 필요가 없었을 것이다. 그러나 예언자의 앞의 환각과 예수가 행동할 때의 뒤의 사정은 정신 안에서 하나다. 그리고 그 관계는 정신 안에만 있으므로, 그것을 현실적인 것, 개별적인 것과 예언 사이의 부합으로 여기는 객관적인 견해는 사라진다.

현실적인 것을 결코 고정하거나 무규정적인 것으로 만들지도 않으며 이 현실적인 것에서 개별적인 어떤 것을 인식하는 게 아니라 정신적인 어떤 것을 인식하는 이 정신은 특히 요한복음 11장 51절에서도 눈에 띈다. 거기에서 "백성이 모두 위험에 빠지는 것보다 백성을 위해서 한 사람이 죽는 게 낫다"는 가야바의 격언과 이 격언의 적용에 관해서 가야바가 개인으로서 제멋대로 이 말을 내뱉었던 게 아니라 대사제로서 예언자적 영감(ἐπροεφήτευσεν)에 젖어 말했음을 요한은 상기시킨다. 우리가 아마도 신적 섭리의 수단이라는 관점으로 간주할지 모르는 것, 그것에서 그는 성령으로 충만해진 어떤 것을 보았다. 예수와 그 벗들의 사고방식의 성격은 일체를 기계, 도구, 수단으로 여기는 관점에 가장 격렬하게 대립되었으며, 오히려 그 성격은 성령에 대한 최고의 신앙이었기 때문이다.

그리고 하나하나 떼어 놓고 보면 이 통일, 즉 작용 전체의 의도가 결여되어 있는 행위들이 서로 엉켜서 만나는 통일을 사람들이 엿보는 곳, 사람들이 이 행위들을(가야바의 행위와 같이) 통일에 대한 그것들의 관계 안에서 무의식적으로 그 의도에 의해 지배되고 유도되는 것, 즉 그 의도에 복종되는 것으로 간주하고 그것들을 현실적 사건과 수단으로 취급하는 곳, 거기에서 요한은 정신의 통일을, 그리고 온 작용의 정신이 가야바의 행위 자체에서 움직이는 것을 본다. 요한은 가야바 자신이 성령으로 충만해 있다고 말한다. 그리고 이 성령에 예수의 운명의 필연성이 놓여 있었다.

신적인 것에서의 대립

이리하여 사도들의 혼으로 본다면, 기적 안에 있는 정신과 육체의 대립이 우리에 대해 갖고 있는 엄격함을 실은 기적도 또한 상실한다. 의식 안으로 들어오는 것으로부터 모든 정신을 끌어내고, 그것들을 절대적인 객관성으로, 정신과 정면으로 대립하는 현실로 고정하는 유럽적인 지성이 사도들에게 결여되어 있다는 것이 명백하기 때문이다. 그래서 사도들의 인식에는 오히려 현실과 정신 사이를 떠도는 불안정한 동요가 있다. 이 동요가 양자를 여전히 분리하기는 했다. 하지만 그것이 취소할 수 없을 정도로 양자를 분리한 셈은 아니고, 그렇다고 해도 순수한 자연 속으로 녹아 들어갔던 것도 아니라 명백한 대립을 스스로 이미 야기했다. 이 대립은 한층 더 발전한다면, 산 자와 죽은 자, 신적인 것과 현실적인 것의 짝 이룸이 되지 않을 수 없었다.

그리고 그 동요는 현실의 예수가 변용해서 신이 된 예수와 어울림으로써 종교를 향한 가장 깊은 충동에 만족을 보여 주었지만 만족을 주지는 않았다. 그리고 그 동요는 그 충동을 하나의 무한하고 해소할 수 없으며 채워지지 않는 동경으로 만들었다. 동경의 가장 높은 몽상에서조차도, 또한 고도로 조직되고 최고의 사랑을 호흡하는 혼들의 황홀에서조차도 언제나 개체, 객체적이고 인격적인 어떤 것이 동경에 대립되기 때문이다. 이 혼들의 아름다운 감정의 모든 심연은 객체적이고 인격적인 것과의 합일을 사모했다. 그러나 객체적이고 인격적인 어떤 것은 하나의 개체이기 때문에 그러한 합일은 영원히 불가능하다. 그것은 그 아름다운 감정과 늘 마주 보고 있으며 영원히 그 아름다운 감정의 의식 안에 머물러서 종교를 결코 완전한 생명으로 되도록 허용하지 않기 때문이다.

의식 속에서 오로지 현존하기로 되어 있고 생명 속에서

는 결코 현존하기로 되어 있지 않은, 신적인 것에서 일어나는 대립의 이 기본 성격은 진행되는 시대의 운명에서 전개되었던 기독교의 모든 형식 안에 깃들어 있다. 생의 모든 다양성들을, 가장 순수한 다양성(이 안에서 정신은 자기 자신을 향유한다)조차도 포기하고 신만을 의식하며, 따라서 죽음에서만 인격성의 대립을 제거할 수 있을 몽상가의 황홀한 합일로부터, 가장 다양한 의식의 현실, 세상의 운명과의 합일과 세상의 운명에 대한 신의 대립에 이르기까지, 이 기본 성격은 걸쳐 있다. 세상의 운명에 대한 신의 대립은, 가톨릭교회와 같이 순종과 자신의 대립의 공허함을 느낌으로써 자신의 정당성을 사들이는 모든 행위와 생의 표현에서 느껴진 대립이거나, 또는 프로테스탄트교회와 같이 다소 경건할 뿐인 사상에서 나타나는 세상의 운명에 대한 신의 대립이다. 또는 그것은 프로테스탄트교회의 몇몇 종파에 보이는 치욕이나 범죄로서의 삶에 대한 증오하는 신의 대립이거나, 또는 오로지 신으로부터 받은 것, 신의 호의 그리고 신의 선물로서의, 오로지 현실로서의 삶과 그 기쁨에 대한 자비로운 신의 대립이다. 그러고 나서 이 경우에는 신적인 한 인간, 예언자들의 관념 속에서 현실을 초월해서 떠도는 그들의 정신 형태도 역사적이고 객관적 견해가 고려되면 현실로 끌어내려진다. 세상에 대한 무관심, 증오, 또는 우호의 다양하거나 또는 완화된 의식의 이러한 극단들 사이에, 신과 세계의, 신적인 것과 생활의 대립들 내부에 있는 이러한 극단들 사이에, 기독교 교회가 이리저리 주행해 왔다. 그러나 비인격적인 살아 있는 아름다움에서 평온을 찾아내는 것은 기독교 교회의 본질적 성격에 반한다. 그리고 교회와 국가, 예배와 생활, 경건과 덕, 신적인 행위와 세속적인 행위는 결코 하나로 융합할 수 없다는 것이 기독교 교회의 운명이다.

해 설

<기독교의 정신과 그 운명>은 헤르만 놀이 1907년에 발간한 《헤겔의 청년기 신학 논집》에 실려 있는 신학 논문이다. 이 책은 헤겔이 여러 번에 걸쳐 썼지만 발간하지 않았던 청년기 신학 원고 뭉치를 놀이 정리하고 편집한 것이다. 이 책에는 <기독교의 정신과 그 운명> 외에도 <민족종교와 기독교>, <예수의 삶>, <기독교의 실증성> 등의 신학 논문도 함께 실려 있다. <민족종교와 기독교>는 튀빙겐 시대에, <예수의 삶>과 <기독교의 실증성>은 베른 시대에, <기독교의 정신과 그 운명>은 프랑크푸르트 시대에 썼다. 이 신학 논문들 가운데서 <기독교의 정신과 그 운명>이 헤겔의 정신사적 발전 단계로 보나, 후세에 끼친 영향과 현재 의미에서 볼 때나 가장 중요한 텍스트다. 헤겔은 이 텍스트에서 청년기의 사상적 방랑을 종결하고 이 시기의 사상을 총괄했다.

헤겔은 <민족종교와 기독교>에서 희랍의 아름답고 생동하는 민족종교를 동경하면서 이 민족종교에 입각해 권위에 사로잡혀 있는 기독교를 비판했고, <예수의 삶>에서는

칸트의 영향 아래 예수를 도덕 교사로 해석했으며, <기독교의 실증성>에서는 희랍 종교와 칸트의 이성 종교에 입각해 기독교의 실증성을 비판했다.

그러나 <기독교의 정신과 그 운명>에서는 칸트철학에 대한 비판이 고개를 들기 시작했다. 칸트는 인식의 차원에서 주관과 객관, 유한과 무한을 분열시켜 절대자를 인식할 수 없는 먼 곳으로 내쫓았다. 게다가 칸트는 도덕의 차원에서 이성의 도덕법칙이 경향(욕망과 감정)을 지배할 것을 요청했다. 헤겔은 칸트철학의 이러한 이원론과 도덕법칙을 유태교의 율법과 노예근성에 상응하는 것으로 해석했다. 칸트와는 달리, 헤겔의 친구인 시인 횔덜린은 고대 희랍의 아름다움을 동경해 '하나이면서 전체'라는 이상을 꿈꾸었기에 분열 속에서 합일을, 판단 속에서 존재를 보려고 했다. 그는 횔덜린의 이러한 사상에 공감해 칸트의 이원론과 도덕법칙을 비판하고 주체와 객체, 자연과 자유가 하나 되는 신성을 예수의 가르침을 통해 드러냈다.

또한 그는 <기독교의 정신과 그 운명>에서 사랑에 의한 운명의 화해라든가 유한과 무한의 분리와 합일이라는 변증법의 원형을 제시하기도 했다. 이런 점에서 이 텍스트는 헤겔의 정신사적 발전 단계와 변증법을 탐구하기 위한 중요한 텍스트로 간주할 수 있을 것이다. 이를테면, 사랑과 화해의 정신은 ≪정신현상학≫의 <정신> 장이나 ≪법철학≫의 <인륜> 장에서 발전적으로 계승된다. 그리고 <기독교의 정신과 그 운명>에서는 신학적인 차원에 머물고 있는 유한과 무한의 합일이라는 문제는 ≪논리학≫의 유한과 무한의 변증법에서 개념의 운동을 통해서 논리적으로 해명된다.

프랑스에서는 이 텍스트가 일찍이 실존론적으로 해석되고 그 가치가 인정되어 ≪l'esprit du christianisme et son destin≫이라는 제목으로 1948년에 출판되기도 했다. 더군다나 20세기 후반에 이르러 데리다는 요상한 책인 ≪조종≫에서 이 텍스트를 주로 이용해 헤겔철학의 해체를 꾀했다. 그리하여 ≪조종≫ 이후 이 텍스트를 탈근대적으로 해석하려는 경향이 나타나기도 했다. 이런 점에서 이 텍스트는 후세에도 어느 정도 영향을 끼쳤다고 볼 수 있다.

<기독교의 정신과 그 운명>은 한마디로 어떤 텍스트일까? 본인은 이 텍스트를 성서 해석을 통해서 신성을 탐구한 텍스트라고 이해하고 싶다. 이 텍스트는 헤겔의 저작 중 신성을 가장 잘 드러낸 텍스트다. 이 텍스트가 드러내는 변증법적 긴장은 니체의 ≪비극의 탄생≫, 엘리아데의 ≪성과 속≫, 바타유의 ≪에로티즘≫을 연상시킨다.

오늘날 생물학자 도킨스는 ≪만들어진 신≫에서 기독

교를 부정했고, 물리학자 호킹은 ≪위대한 설계≫에서 신의 부재와 철학의 사망을 선고했다. 그들은 신성을 거부하는 대표적 과학자들이다. 오늘날 과학자들이 다 그런 건 아니다. 이들과는 달리 복잡계 과학자인 카우프만은 ≪신성의 재발명≫에서 21세기에 신성이 재발명되어야 한다고 주장하면서 과학에 입각해 신성을 증명하려고 했다. 당연히 본인은 카우프만의 편을 들고 싶다. 신성이란 신과 인간의 합일만을 뜻하는 게 아니라 공동체의 아름답고 생동하는 유대와 합일도 뜻한다. 그런 점에서 지리멸렬한 현대사회에서 신성은 부활되고 새롭게 해석되어야 할 것이다.

바로 <기독교의 정신과 그 운명>이 우리에게 신성을 일깨우고 신성의 비밀을 제시해 준다. ≪정신현상학≫에서 정신의 자기 인식은 정신의 노동을 통해서 개념의 운동에 따라 힘겹게 이루어진다. 하지만 <기독교의 정신과 그 운명>은 학문적 반성 형식과 체계로 넘어가기 전에 쓴 텍스트이므로, 신성은 개념의 운동을 통해서 드러나는 게 아니라 정신의 내적 체험을 통해서 드러난다. 더군다나 이 텍스트에서는 정신의 개념적 인식이 거부된다. 도리어 이런 점에서 이 텍스트는 고전으로서 현재적 의미를 지닐 수 있을 것이다.

그럼 이 텍스트의 내용을 살펴보자. 이 텍스트는 1장 '유태교의 정신'과 2장 '기독교의 정신'으로 구성되어 있다. 헤겔은 이 텍스트에서 단순히 유태교의 정신과 기독교의 정신을 대비하지 않는다. 그는 유태교의 정신이 어떻게 기독교의 정신으로 이행했는지를 보여 준다.

1장 '유태교의 정신'에서는 유태교의 정신이 희랍의 정신과 대비되어 서술된다. 서양 문화의 두 요소인 헬레니즘과 헤브라이즘이 대비되어 다루어지고 있는 셈이다. 희랍의 정신에서는 공동생활과 유대가 아름답게 이루어진다. 반면 유태교의 정신에서는 인간과 자연, 인간과 신은 무한하게 분열되어 자연에 대한 인간의 대립, 신에 대한 인간의 대립이 무리하게 설정되어 있다. 희랍의 정신은 우정, 자유, 화해와 사랑에 바탕을 두고 있지만 유태교의 정신은 대립과 증오, 노예근성에 바탕을 두고 있다. 유태교의 정신은 이러한 무리한 대립에 빠져 운명과 대립함으로써 운명과 화해할 수 없다. 그리하여 유태교의 정신은 예수의 등장으로 새로운 단계로 나아갈 수밖에 없다.

2장 '기독교의 정신'에서는 예수가 등장해 유태교의 정신과 맞선다. 그는 대립과 증오, 노예근성에 바탕을 둔 유태교의 정신에 맞서서 사랑과 화해의 기독교 정신을 설교한다. 이런 점에서 본다면 기독교는 헬레니즘의 차원에서 지양된 종교라고 볼 수 있을 것이다.

유태교의 정신에서는 신과 인간, 유한과 무한 사이에 깊은 구렁이 있어서 이것들은 결코 합일될 수 없다. 따라서 유태교의 정신은 유한과 무한의 분열과 대립에 닻을 내리고 있다. 바꾸어 말하자면, 신과 인간, 즉 무한과 유한은 불가통약적(不可通約的)으로 대립한다. 예수가 자신을 신의 아들이라고 불렀을 때 유태인들은 이를 도저히 이해할 수도 받아들일 수도 없었을 뿐만 아니라 분격했다. 어떻게 인간이 신일 수 있겠는가? 이런 점에서 헤겔은 유태교의 정신을 이성과 경향, 유한과 무한의 대립을 고수하는 칸트철학의 이원론과 유사하다고 간주한다.

유태교의 정신과 반대로 기독교의 정신에서는 불가통약적인 신과 인간, 무한과 유한의 합일이 삼위일체를 통한 정신의 내적 체험으로 이루어질 수 있다. 정신만이 정신을 인식한다! 바로 이러한 정신과 정신의 만남에서 주체와 객체, 유한과 무한의 불가통약적인 대립이 해소될 뿐만 아니라 사랑에 의한 운명과의 화해가 이루어지고 영원한 생명이 획득된다.

이 텍스트는 여러 방식으로 해석할 수 있을 것이다. 이를테면 신학적 논문으로 읽을 수도 있고 헤겔철학의 입문서로 읽을 수도 있고 변증법의 맹아를 탐색하는 문건으로 읽을 수도 있을 것이다. 이런 점에서 이 텍스트는 헤겔철학을 이해하고, 더 나아가서 서양문화의 두 바탕인 헬레니즘과 헤브라이즘을 이해하는 단초를 제공한다는 의의를 지닐 수 있을 것이다.

본인은 이 텍스트가 신성을 탐구하는 책으로도 읽히기를 희망한다. 오늘날 우리는 속물적인 것 같고 온갖 이해관계와 욕망에 사로잡혀 분열되어 있는 듯이 보인다. 이 텍스트는 신성의 일깨움을 통해 이런 상태를 우리가 반성할 계기를 준다는 의의도 지닐 수 있을 것이다.

물론 헤겔은 기독교를 최고의 종교인 절대정신으로 간주했고 따라서 기독교에서 신성이 가장 잘 개시되어 있다고 보고 있다. 하지만 이러한 생각은 다분히 서양 중심적인 사고방식이다. 신성은 기독교와 같은 어떤 특정한 종교에만 내재되어 있는 게 아니라 동양의 종교에도 잘 드러나 있다. 이런 점을 독자들이 유의하길 바란다.

이 텍스트의 원전은 헤르만 놀(Herman Nohl)이 편찬한 ≪Hegels theologische Jugendschriften≫(1907)이다. 이 책에 나오는 <Der Geist des Christentums und sein Schicksal>을 번역 대본으로 삼았다. 이 텍스트를 번역하는 데 녹스(T. M. Knox)가 번역한 ≪Early Theological Writings≫(1948)와 구노 아키라(久野昭)와 나카노 하지무(中埜肇)가 번역한 ≪ヘ-ゲル 初期神學論集≫(1986)을 참

조했다. 편찬자인 놀의 주는 옮긴이 주에 통합하거나 삭제했다. 그리고 녹스와 나카노 하지무의 주는 옮긴이 주에서 때때로 참조했다.

이 책은 2003년도에 이미 한 번 출간했다. 그러나 번역에 빠진 부분도 좀 있고 잘못된 부분도 있어서 이번에 다시 원고를 손보았다. 가능한 한 정확하게 번역하려고 노력했다. 하지만 텍스트가 난해해서 정확하지 못한 부분도 혹시 있을지 모르겠다. 독자들의 질정을 바란다.

끝으로 이 책이 세상에 다시 새롭게 나올 수 있도록 도와준 지식을만드는지식 출판사에 감사드린다.

지은이에 대해

헤겔은 독일 관념론을 완성했을 뿐만 아니라 변증법을 체계화해 일세를 풍미한 사상의 거장이다. 하지만 그는 평범한 가문에서 태어나서 자랐고, 학창 시절에도 그렇게 두각을 나타내지 못한, 평범하지만 성실한 학생이었을 뿐이다.

그는 슈투트가르트에서 1770년에 뷔르템 공국 행정 관료의 장남으로 태어났다. 그리고 김나지움(고등학교)에서 역사와 종교에 대한 관심을 키우다가 튀빙겐신학교에 진학했다. 그곳에서 그는 운 좋게 시인 횔덜린과 번득이는 조숙한 천재 셸링을 만나 우정을 나누면서 철학과 신학을 공부했다. 그는 횔덜린과 셸링에게 영향을 주기보다는 주로 그들의 영향을 받았다. 이렇게 해서 그의 사상의 여정이 시작되었다.

철학자의 삶이란 대체로 평탄하고 극적인 요소는 거의 없다. 헤겔도 마찬가지다. 철학자에게는 사상의 여정이 중요하기 때문이다. 그의 사상의 여정은 그가 살았던 곳을 기준으로 해서 튀빙겐 시대 → 베른 시대 → 프랑크푸르트 시대 → 예나 시대 → 뉘른베르크 시대 → 하이델베르크 시대

→ 베를린 시대로 이어진다.

튀빙겐신학교에서 그는 철학을 2년, 신학을 3년 동안 수강하면서 동시에 정치 문제에도 관심을 기울였다. 그는 프랑스혁명(1789년)에 환호했고 철학이나 신학을 정치적이고 경제적인 문제와 관련지어 공부했다. 이 시기에 집필한 <민족종교와 기독교>도 순수한 신학 논문이 아니라 정치적인 관심이 깔려 있다.

튀빙겐신학교를 졸업한 헤겔은 목사가 되지 않고 당시 관행처럼 가정교사가 되어 베른에 머물렀다. 그곳에서 칸트의 윤리학과 종교 이론을 공부해 <예수의 삶>과 <기독교의 실증성>을 집필했다. 베른에서 3년을 보낸 뒤 횔덜린의 호의로 그는 프랑크푸르트에서 가정교사 자리를 얻을 수 있었다. 프랑크푸르트에서 횔덜린의 영향 아래 <기독교의 정신과 그 운명>을 집필했고 <독일 헌법론> 같은 정치적 논문을 쓰기도 했다. 그리고 셸링, 횔덜린과 함께 짧은 선언문 같은 <독일 관념론의 가장 오래된 강령>을 만들기도 했다.

베른, 프랑크푸르트 시대는 헤겔이 사상적으로 암중모색하던 시기였고 청년 헤겔의 이상이 꿈틀거렸던 시기였다. 그러나 셸링의 초청으로 예나대학교에서 강의함으로써 신학적 이상으로부터 학문적 반성 체계로 나아가게 되었다.

이 시기에는 셸링의 영향 아래 <피히테 철학 체계와 셸링 철학 체계의 차이>, <신앙과 지식> 등을 발표했다. 그렇지만 이 시기에 ≪정신현상학≫(1807년)을 출간함으로써 셸링과는 학문적으로 완전히 작별했다. 그는 진리란 직관으로 파악할 수 있는 게 아니라 개념의 운동을 통해서 체계적으로만 파악할 수 있다고 강조했다.

그의 이러한 작업은 뉘른베르크 시대에 ≪논리학≫(1812~1816)을 출간함으로써 형이상학적으로 완성되었다. 그 뒤 하이델베르크대학교에서 정교수가 된 뒤 논리학-자연철학-정신철학으로 이어지는 학문 체계를 구축함으로써 ≪철학 강요≫(1817년)를 출간했고, 베를린대학교로 옮기고 나서는 정치적 저작인 ≪법철학 강요≫(1821년)를 출판했다.

말년에는 형이상학인 ≪논리학≫을 개정하려고 했으나 ≪논리학≫ 제1권인 <유론>만을 개정할 수 있었다. 당시에 유행하던 전염병 콜레라에 걸려 갑자기 죽었다(1831년). 그러나 죽은 후에 그의 사상적 영향력은 말끔하게 사라진 것이 아니라 시대에 따라 새로운 국면을 맞이했다.

옮긴이에 대해

조홍길은 부산대학교 철학과와 같은 대학의 대학원을 졸업했다. 대학원에서는 주로 헤겔철학을 공부했으며 데리다의 해체철학도 함께 공부했다. 그리하여 <데리다의 헤겔 해석에 관한 연구>로 박사학위를 받았다. 그 뒤 부산대학교와 동서대학교에서 강사로 활동하고 있다.

저서로는 ≪욕망의 블랙홀≫, ≪헤겔의 사변과 데리다의 차이≫, ≪헤겔, 역과 화엄을 만나다≫가 있다. ≪헤겔의 사변과 데리다의 차이≫는 박사학위 논문을 수정해서 출판한 것이고, ≪헤겔, 역과 화엄을 만나다≫는 2007년 아시아 철학자 대회에서 발표한 논문을 확충해서 만든 책이다. 논문으로는 <헤겔의 생성의 변증법과 불교의 연기 사상의 만남>, <욕망의 형이상학과 그 새로운 가능성>, <시민사회와 인격>, <범죄와 형벌의 변증법> 등이 있다.

현재 관심 분야는 동서 사상의 만남과 서로 다른 학문 분야의 융합이다.

기독교의 정신과 그 운명

지은이 게오르크 헤겔
옮긴이 조흥길
펴낸이 박영률

초판 1쇄 펴낸날 2015년 6월 30일

지식을만드는지식
121-869 서울시 마포구 월드컵북로 46 청원빌딩 3층
전화 (02) 7474 001, 팩스 (02) 736 5047
출판등록 2007년 8월 17일 제313-2007-000166호
전자우편 zmanz@eeel.net
홈페이지 www.zmanz.kr

ZMANZ
3F. Chungwon Bldg. 46, World Cup buk-ro,
Mapo-gu, Seoul 121-869, Korea
phone 82 2 7474 001, fax 82 2 736 5047
e-mail zmanz@eeel.net
homepage www.zmanz.kr

ⓒ 조흥길, 2015

지식을만드는지식은 커뮤니케이션북스(주)의 인문 출판 브랜드입니다.
이 책은 저작권자와 계약하여 발행했으므로, 본사의 서면 허락 없이는
어떠한 형태나 수단으로도 이 책의 내용을 이용할 수 없습니다.

ISBN 979-11-304-6445-9
책값은 뒤표지에 있습니다.

지식을만드는지식은
지구촌 시대의 고전과 한국 문학을 출판합니다

도서목록 확인하고 5권 무료로 읽으세요

QR코드를 스마트폰으로 스캔하면 지만지 책 1800여 종과 바로 만날 수 있습니다. 홈사이트 컴북스닷컴(commbooks.com/지만지-도서목록/)으로 접속해도 됩니다. 도서목록을 보고 회원가입을 하면 책 5권(번)을 열람할 수 있는 컴북스캐시를 충전해 드립니다. 캐시를 받으려면 카카오톡에서 아이디 '컴북스'를 친구로 등록한 뒤 회원가입 아이디를 카톡으로 알려주십시오.

지만지고전선집
전 세계에서 100년 이상 읽혀 온 고전 가운데 앞으로 100년 동안 읽혀 갈 고전 중의 고전

인문
교육학 ≪루소 교육 소저작≫ 외
인류학 ≪여정의 두루마리≫ 외
동양철학 ≪귀곡자≫ 외
서양철학 ≪어느 물질론자의 마음 이야기≫ 외
지리학 ≪식물지리학 시론 및 열대지역의 자연도≫ 외
역사/풍속 ≪속일본기≫ 외
종교 ≪동경대전≫ 외
미학 ≪미학 강의(베를린 1820/21년)≫ 외

사회
경제학 ≪정치경제학의 민족적 체계≫ 외
사회학 ≪증여론 천줄읽기≫ 외
미디어학 ≪제국과 커뮤니케이션 천줄읽기≫ 외
정치학 ≪관료제≫ 외
군사학 ≪군사학 논고 천줄읽기≫ 외
언어학 ≪일반언어학 강의≫ 외

자연과학
물리학 ≪상대성 이론≫ 외
생물학 ≪진화와 의학≫ 외
의학 ≪치과 의사≫ 외
수학 ≪확률에 대한 철학적 시론≫ 외
천문학 ≪코페르니쿠스 혁명≫ 외
과학사 ≪그리스 과학 사상사≫ 외

문학

한국 《포의교집》 외
일본 《바다에서 사는 사람들》 외
고대 그리스 《히폴리투스》 외
독일 《길쌈쟁이들》 외
스페인 《위대한 술탄 왕비》 외
유럽 《로칸디에라》 외
중남미 《네루다 시선》 외

중국 《서상기》 외
아시아 《물고기 뼈》 외
영국/미국 《빨래》 외
프랑스 《홍당무》 외
러시아 《유리 나기빈 단편집》 외
아프리카 《아딜리와 형들》 외
퀘벡 《매달린 집》 외

예술

미술 《예술에 관한 판타지》 외

연극 《풍자화전》 외

한국문학선집

한국문학의 어제와 오늘을 총정리하는 사상 초유의 기획

초판본 한국소설문학선집
한국 근현대문학 120년, 대표 작가 120명
의 작품집 101권

초판본 한국시문학선집
한국 근현대문학 120년, 작고 시인 101명
의 작품집 99권

한국동화문학선집
한국 아동문학사에 기록될 동화작가 120
명의 작품집 100권

한국동시문학선집
한국 동시의 역사이자 좌표, 동시작가
111명의 작품집 100권

한국희곡선집
문학성과 공연성이 입증된 한국 대표 희
곡 100권

한국 대표 시인의 육필시집
한국 시단을 주도하는 시인들이 직접 쓴 시
집 80권

한국문학평론선집
한국 대표 문학평론가 50인의 평론집 50권

한국수필문학선집
한국 대표 수필가 50인의 수필집 50권

단행본

《고려 후기 한문학과 지식인》 외